2500 단어로 스페인어 휘어잡기

국제어학연구소출판부

열광속의 신성한 의식 '투우(Corrida de Toros)'

영어로는 '불파이팅'이라고 한다. 스페인의 국기(國技)로 17세기 말 경까지는 전적으로 궁정(宮廷)의 오락거리로 귀족들 사이에 성행했는데, 18세기 초 부르봉 왕조(王朝) 시대에 이르러 현재와 같이 일반 군중들 앞에서 구경거리로 행해졌다고 한다.

에스파냐의 투우는 매년 봄 부활제의 일요일부터 11월까지 매주 일요일에 마드리드·바르셀로나 등의 도시에 있는 '아레나(arena)'라고 하는 투기장에서 개최된다. 투우는 오래전부터 엄격한 규칙에 따라 행해지고 있으며, 투우사는 주역을 '마타도르(matador)'라 하고, 그 밖에 작살을 꽂는 '반데릴레로(banderillero)'가 두 사람, 말을 타고 창으로 소를 찌르는 '피카도르(picador)'가 두 사람, '페네오(peneo)'라는 조수 여러 사람이 일단이 되어 행하는 것이 보통이다. 중세기풍의 금·은으로 장식된 복장의 투우사는 엄숙하고 화려한 연출로 투우 특유의 분위기를 엮어낸다.

읽기·쓰기·말하기·듣기, 실생활 어휘로 네마리 토끼를 모두 잡는다!

외국어를 유창하게 말하기 위해서는 풍부한 어휘 실력을 갖춰야 한다. 학생들을 가르치며 더욱 절실히 느낀 점은 외국어 학습의 다양한 분야, 즉 읽기·쓰기·말하기·듣기의 네 가지 영역에서 고루 좋은 성과를 얻으려면 기본적으로 어휘 실력이 좋아야 한다는 것이다. 서점의 외국어교재 관련 코너에 수많은 단어집들이 꽂혀 있는 이유가 여기에 있다.

하지만 국내에서 스페인어를 공부하고자 하는 사람들은 어휘집 하나를 선택하는데 있어서도 큰 어려움을 겪고 있다. 교재 시장이 워낙 협소한 탓에 선택의 여지가 없기 때문이다. 저자 자신도 스페인어를 처음 배울 때부터 참고 도서의 부재로 어렵게 공부했던 기억이 있다. 멕시코에서 공부를 할 때에도 실제 생활에서는 무척 자주 쓰이는데 수업 시간에는 들어보지 못했던 단어들을 하나의 노트로 정리해 '나만의 스페인어 사전'을 만들었었다. 그게 어쩌면 『2,500 단어로 스페인어 휘어잡기』의 출발이 되었는지도 모른다.

저자의 경험을 바탕으로 이 책은 무엇보다 실용성에 비중을 두었다. 문법은 열심히 배웠지만 실제로 말을 하려면 어휘가 부족해 간단한 문장도 말하기 힘들었던 사람들에게 큰 도움이 되었으면 한다. 따라서 너무 전문적이거나 어려운 단어 대신 일상생활에 자주 등장하는 어휘를 중심으로 그 주변 어휘까지 풍부함을 더했다. 각 영역별로 보기 쉽게 분류하였으며, 한글색인을 달아 언제 어디서나 쉽게 찾아볼 수 있어 편리하다. 또한 원어민의 발음을 MP3에 담아 정확한 발음을 익히도록 하였다.

이 책은 스페인어 어휘집의 출판에 열정적인 관심을 보여준 여러 사람들의 도움에 힘입어 나오게 되었다. 한글 단어에 맞춰 가장 자연스러운 스페인어 단어를 추천해 준 파고다 외국어학원의 안토니오 하비에르 플로레스 선생님과 후배인 박주연, 그리고 책의 기획에서부터 큰 도움을 주신 서울대학교의 김현균 교수님께 깊은 감사를 드린다. 마지막으로 아내의 첫 출판을 격려하고 도와준 남편에게 감사한다.

Brief survey of writer's career

송예림 (Yerim Song)
- 서울 대학교 서어서문학과 수석 졸업
- 서울 대학교 서어서문학과 대학원
- 멕시코 Universidad de Guadalajara 교환 학생
- Universidad de Alcala 스페인어 랭귀지 코스 수료
- 멕시코 청소년 친선대사 일행 스페인어 통역 외 다수의 통역 및 번역
- (주)두산 사장실 외 기업체 스페인어 강의

CONTENTS

01 사람/건강
1 가족 · 친척....12
2 호칭....16
3 직업 · 직장....19
4 감정 · 표정....27
5 신체....32
6 질병 · 증세....41
7 의료....46

02 가정/음식
8 주거....52
9 의류....55
10 가구 · 침구....62
11 가전제품....65
12 식기류....68
13 기타 생활용품....72
14 음식....79
15 과일 · 야채 · 곡물....82
16 육류 · 해산물 · 유제품....86
17 음료 · 주류....89
18 그 밖의 식품 · 단위....92

03 교육/문화
19 교육....96
20 학문....102
21 취미....104
22 음악 · 악기....106
23 미술 · 색....110
24 문학 · 출판....113
25 영화 · 연극 · 방송....115
26 스포츠 · 게임....119
27 여행....125
28 기념일....133

2500단어로 스페인어 휘어잡기

04 교통/통신/생활

29 교통수단....136
30 도로·방향....140
31 전화·우편....143
32 컴퓨터....146
33 문구·사무용품....148
34 시설물....152

05 국가/정치/경제

35 국가·국적....158
36 정치....161
37 사법....164
38 언론....169
39 경제....172
40 금융....176

06 시간/자연

41 시간·때....182
42 날씨·기후....187
43 동물....189
44 식물....197
45 자연·지리....201

Index 207

스페인어 발음법

1 스페인어의 알파벳 (alfabeto)

문자	명칭	문자	명칭	문자	명칭
A a	[a]아	J j	[xóta]호따	R r	[ére]에레
B b	[be]베	K k	[ka]까	S s	[ése]에쎄
C c	[se,θe]쎄	L l	[éle]엘레	T t	[te]떼
D d	[de]데	M m	[eme]에메	U u	[u]우
E e	[e]에	N n	[ene]에네	V v	[úbe]우베
F f	[éfe]에페	Ñ ñ	[ene]에녜	W w	[úbe dóble]우베 도블레
G g	[xe]헤	O o	[o]오	X x	[ékis]에끼스
H h	[átse]아체	P p	[pe]뻬	Y y	[igriéga]이그리에가
I i	[i]이	Q q	[ku]꾸	Z z	[séta,θéta]쎄따

2 스페인어의 모음

a e i o u

3 스페인어의 강모음과 약모음

강모음   약모음

a, e, o   i, u

4 스페인어의 이중모음

ai, au, ei, eu, oi(oy), ou, ia, ie, io, ua, ue, uo, iu, ui

5 스페인어의 삼중모음

iai, iei, uai(uay), uei(uey)

6 스페인어의 자음

b, ch, d, f, h, l, ll, m, n, ñ, p, r, rr, s, t, v, x, y

7 주의할 점

1) b와 v는 같은 발음: [b]

2) h는 묵음

3) x: [ks] - experiencia (엑스뻬리엔씨아), exigir (엑시히르)

   [x] - México (메히꼬), Texas (떼하스)

   [s] - xenofobia (세노포비아), xilófono (실로포노)

4) c는 모음 e, i앞에서는 [s], [θ]로, 모음 a, o, u 앞에서는 [k]로 발음한다.

5) g는 모음 e, i 앞에서는 [x]로, 그러나 모음 e, i 앞에 u가 있거나

   모음 a, o, u 앞에서는 [g]로 발음한다.

6) r은 단어의 맨 앞이나 n, l, s 다음, 또는 rr로 표기되어 있는 경우,

   혀를 굴려 발음한다. ex.) rápido (ㄹ라삐도)

✱ 스페인어는 모든 명사가 남성 혹은 여성으로 성을 갖는다.
여기에서 'el/la'는 정관사로, 이는 명사의 성과 수에 따라서 표시된다.

성 \ 수	단수		복수	
남성	el	hijo	los	hijos
여성	la	hija	las	hijas

3월의 축제 '파야스(Las Fallas)'

스페인은 '축제의 나라'라고 불릴 만큼 화려하고 규모가 큰 축제가 많다. 그 수를 헤아려보면 일년에 약 200여 개 정도이다. 휘황찬란하게 꾸며진 종교 행렬들 사이로 축포가 터지고 한쪽에서는 노래와 춤이 어우러져 흥겨운 파티를 벌이는, 진정 축제를 즐길 줄 아는 사람들이 모인 곳이 바로 스페인이다.

위의 축제는 사람 키의 몇 배가 넘는 거대한 조형물(ninot)을 만들어 도시 곳곳을 장식하고 즐기다가 '산 호세의 날'인 3월 19일에 일제히 불에 태우는 발렌시아의 '파야스Las Fallas'이다. 공식 사이트인 http://www.fallas.com을 방문하면 축제의 역사와 더불어 최근에 열린 축제에 대한 사진들도 감상할 수 있다.

01 사람/건강

1. 가족·친척
2. 호칭
3. 직업·직장
4. 감정·표정
5. 신체
6. 질병·증세
7. 의료

가족·친척

가족	la familia (파밀리아)
가정	el hogar (오가르)
할아버지	el abuelo (아부엘로)
할머니	la abuela (아부엘라)
아버지	el padre (빠드레)
어머니	la madre (마드레)
누나/언니	la hermana mayor (에르마나 마요르)
형/오빠	el hermano mayor (에르마노 마요르)
여동생	la hermana menor (에르마나 메노르)
남동생	el hermano menor (에르마노 메노르)
숙부/백부/고모부/이모부	el tío (띠오)
숙모/백모/고모/이모	la tía (띠아)

남편	el esposo (에스뽀소)
	동의어 el marido (마리도)
처	la esposa (에스뽀싸)
	동의어 la mujer (무헤르)
아들	el hijo (이호)
딸	la hija (이하)
친척	los parientes (빠리엔떼스)
조상	los antepasados (안떼빠싸도스)
후손	los descendientes (데쎈디엔떼스)
양친	los padres (빠드레스)
손자	el nieto (니에또)
손녀	la nieta (니에따)
조카	el/la sobrino/a (쏘브리노/나)
시아버지/장인	el suegro (수에그로)
시어머니/장모	la suegra (수에그라)

가족 · 친척

사위	el yerno (예르노)
며느리	la nuera (누에라)
사촌	el/la primo/a (쁘리모/마)
동서	el/la cuñado/a (꾸냐도/다)
결혼 여부	el estado civil (에스**따**도 씨**빌**)
결혼	el matrimonio (마뜨리**모**니오)
부부	el matrimonio (마뜨리**모**니오)
	동의어 la pareja (빠**레**하)
배우자	el/la cónyuge (꼰유헤)
이혼	el divorcio (디보르씨오)
별거	la separación (쎄빠라씨온)
위자료	la pensión (뻰시온)
연금	la pensión de retiro (뻰시온 데 르레**띠**로)
독신자	el/la soltero/a (솔**떼**로/라)
기혼자	el/la casado/a (까**싸**도/다)

약혼자	el/la prometido/a	(쁘로메띠도/다)
애인	el/la novio/a	(노비오/아)
정부	el/la amante	(아만떼)
의붓아버지	el padrastro	(빠드라스뜨로)
의붓어머니	la madrastra	(마드라스뜨라)
대부	el padrino	(빠드리노)
대모	la madrina	(마드리나)
결혼하다	casarse	(까싸르쎄)
약혼하다	prometerse	(쁘로메떼르쎄)
별거하다	separarse	(쎄빠라르쎄)
이혼하다	divorciarse	(디보르씨아르쎄)
친척이 되다	emparentar	(엠빠렌따르)
배우자를 잃다	enviudar	(엔비우다르)
세례를 주다	bautizar	(바우띠싸르)

가족 · 친척

2 호칭

남자	el hombre (옴브레)
여자	la mujer (무헤르)
아기	el/la niño/a (니뇨/냐)
소녀	la chica (치까)
	동의어 la muchacha (무차차)
소년	el chico (치꼬)
	동의어 el muchacho (무차초)
청소년	el/la adolescente (아돌레쎈떼)
젊은이	el/la joven (호벤)
미성년	los menores (메노레스)
노인	los mayores (마요레스)
아가씨	la señorita (세뇨리따)

부인	la señora	(세뇨라)
친구	el/la amigo/a	(아미고/가)
동료	el/la compañero/a	(꼼빠녜로/라)
동업자	el socio	(소씨오)
상사	el jefe	(헤페)
부하직원	el/la subalterno/a	(숩알떼르노/나)
신랑	el novio	(노비오)
신부	la novia	(노비아)
적	el enemigo	(에네미고)
동지	el amigo	(아미고)
이웃	el vecino	(베씨노)
가장/주인	el patrón	(빠뜨론)
수신인	el receptor	(ㄹ레쎕또르)
발신인	el emisor	(에미소르)
학부형	los padres de familia	(빠드레스 데 파밀리아)

호칭

담임선생님	el tutor responsable (뚜또르 레스뽄사블레)
반장	el presidente de la clase (쁘레시**덴**떼 데 라 끌**라**쎄)
부반장	el vicepresidente de la clase (비쎄쁘레시**덴**떼 데 라 끌**라**쎄)
동창	el exalumno (엑스알**룸**노)
중매인	la casamentera (까사멘**떼**라)
태어나다	nacer (나**쎄**르)
성장하다	crecer (끄레**쎄**르)
노화하다	envejecer (엔베헤**쎄**르)
죽다	morir (모리르)

직업 · 직장

농부	el campesino (깜뻬씨노)
광부	el minero (미네로)
교수	el profesor (쁘로페쏘르)
정교수	el catedrático (까떼드라띠꼬)
교사	el maestro (마에스뜨로)
교장	el director de escuela (디렉또르 데 에스꾸엘라)
학자	el académico (아까데미꼬)
심리학자	el psicólogo (씨꼴로고)
물리학자	el físico (피씨꼬)
화학자	el químico (끼미꼬)
우주비행사	el astronauta (아스뜨로나우따)
과학자	el científico (씨엔띠피꼬)

음악가	el músico (무씨꼬)
작곡가	el compositor (꼼뽀씨또르)
지휘자	el director de orquesta (디렉또르 데 오르께스따)
화가	el pintor (삔또르)
디자이너	el diseñador (디쎄냐도르)
작가	el escritor (에스끄리또르)
검사	el fiscal (피스깔)
변호사	el abogado (아보가도)
재판관	el juez (후에쓰)
배심원	el jurado (후라도)
건축가	el arquitecto (아르끼떽또)
운동 선수	el deportista (데뽀르띠스따)
감독	el director (디렉또르)
배우	el actor (악또르) / la actriz (악뜨리쓰)
가수	el cantante (깐딴떼)

유명인	la celebridad (쎌레브리닫)
스타	la estrella (에스뜨레야)
노동자	el obrero (오브레로)
사무직원	el oficinista (오피씨니스따)
사장	el jefe (헤페)
임원	el ejecutivo (에헤꾸띠보)
운전사	el conductor (꼰둑또르)
	동의어 el chófer (초페르)
소방관	el bombero (봄베로)
경찰관	la policía (뽈리씨아)
공무원	el sirviente público (씨르비엔떼 뿌블리꼬)
은행원	el banquero (방께로)
주부	el ama de casa (아마 데 까싸)
학생	el estudiante (에스뚜디안떼)
고용인	el empleado (엠쁠레아도)

직업 · 직장

고용주	el empleador (엠쁠레아도르)
사업가	el hombre de negocios (옴브레 데 네고씨오스)
미용사	el peluquero (뻴루께로)
기자	el periodista (뻬리오디스따)
통신원	el corresponsal (꼬르레스뽄쌀)
요리사	el cocinero (꼬씨네로)
상인	el comerciante (꼬메르시안떼)
의사	el doctor (독또르)
	동의어 el médico (메디꼬)
치과의사	el dentista (덴띠스따)
수의사	el veterinario (베떼리나리오)
간호사	la enfermera (엔페르메라)
약사	el farmacéutico (파르마쎄우띠꼬)
회계사	el contador (꼰따도르)
리셉셔니스트	el recepcionista (르레쎕씨오니스따)

웨이터	el camarero (까마레로)
웨이트리스	la camarera (까마레라)
경리	el asistente de contabilidad (아씨스뗀떼 데 꼰따빌리닫)
수위	el portero (뽀르떼로)
비서	la secretaria (쎄끄레따리아)
정치가	el político (뽈리띠꼬)
국회의원	el parlamentario (빠를라멘따리오)
	동의어 el congresista (꼰그레씨스따)
대통령	el presidente (쁘레씨덴떼)
총리	el ministro (미니스뜨로)
	동의어 el primer ministro (쁘리메르 미니스뜨로)
장관	la secretaria (쎄끄레따리아)
왕	el rey (ㄹ레이)
여왕	la reina (ㄹ레이나)

직업 · 직장

왕자	el príncipe (쁘린씨뻬)
공주	la princesa (쁘린쎄싸)
군인	el soldado (쏠다도)
장군	el general (헤네랄)
번역가	el traductor (뜨라둑또르)
평론가	el crítico (끄리띠꼬)
편집자	el redactor (르레닥또르)
통역관	el intérprete (인떼르쁘레떼)
사서	el bibliotecario (비블리오떼까리오)
파일럿	el piloto (삘로또)
스튜어디스	la azafata (아싸파따)
	cf. 스튜어드 el auxiliar de vuelo (아우씰리아르 데 부엘로)
우편배달부	el cartero (까르떼로)
	cf. 건물 내 우편배달부 el mensajero (멘싸헤로)

프로그래머	el programador (쁘로그라마도르)
전기기사	el electricista (엘렉뜨리씨스따)
미장이	el albañil (알바닐)
실내장식업자	el decorador (데꼬라도르)
수공예업자	el artesano (아르떼싸노)
기계기술자	el mecánico (메까니꼬)
배관공	el fontanero (폰따네로)
구두공	el zapatero (싸빠떼로)
사제	el sacerdote (사쎄르도떼)
승려	el monje (몽헤)
점술가	el adivino (아디비노)
직업	el oficio (오피씨오)
일	el trabajo (뜨라바호)
임무	el cargo (까르고)
사무실	la oficina (오피씨나)

직업 · 직장

봉급	el salario (쌀라리오)
연금	la pensión (뺀씨온)
인사	el personal (뻬르쏘날)
승진	la promoción (쁘로모씨온)
근무일	la jornada (호르나다)
노조	el sindicato (신디까또)
파업	la huelga (우엘가)
사회 복지	la seguridad social (쎄구리닫 소씨알)
일하다	trabajar (뜨라바하르)
입사하다	empezar el trabajo (엠뻬싸르 엘 뜨라바호)
해고하다	despedir del trabajo (데스뻬디르 델 뜨라바호)
퇴직하다	retirarse (ㄹ레띠라르쎄)
은퇴하다	jubilarse (후빌라르쎄)

4 감정 · 표정

지성	la inteligencia (인뗄리헨씨아)
이성	la razón (르라쏜)
사고	la idea (이데아)
	동의어 el pensamiento (뻰싸미엔또)
의견	la opinión (오삐니온)
판단	el juicio (후이씨오)
정확성	la certeza (쎄르떼싸)
가설	la hipótesis (이뽀떼씨스)
인정	la afirmación (아피르마씨온)
의심	la sospecha (소스뻬차)
능력	la capacidad (까빠씨닫)
감각	la sensación (쎈싸씨온)

감성	el sentimiento (센띠미엔또)
사랑	el amor (아모르)
우정	la amistad (아미스딷)
우애	la fraternidad (프라떼르니닫)
동정	la simpatía (심빠띠아)
감동	la emoción (에모씨온)
기쁨	la alegría (알레그리아)
슬픔	la tristeza (뜨리스떼싸)
행복	la felicidad (펠리씨닫)
불행	la desgracia (데스그라씨아)
애정	el cariño (까리뇨)
적의	la hostilidad (오스띨리닫)
고통	la agonía (아고니아)
환상	la ilusión (일루씨온)
불쾌	el disgusto (디스구스또)

혐오	la repugnancia (르레뿌그난시아)
공포	el terror (떼르로르)
두려움	el miedo (미에도)
증오	el odio (오디오)
절망	la desesperación (데세스뻬라씨온)
고뇌	la angustia (앙구스띠아)
분노	la furia (푸리아)
생각하다	pensar (뻰싸르)
이해하다	entender (엔뗀데르)
	동의어 comprender (꼼쁘렌데르)
논쟁하다	discutir (디스꾸띠르)
상상하다	imaginar (이마히나르)
가정하다	suponer (쑤뽀네르)
믿다	creer (끄레에르)
알다	saber (싸베르)

감정 · 표정

안면이 있다	conocer (꼬노쎄르)
사랑하다	amar (아마르)
좋아하다	querer (께레르)
마음에 들다	gustar (구스따르)
그리워하다	extrañar (엑스뜨라냐르)
참다	aguantar (아괜따르)
불쾌하게 하다	disgustar (디스구스따르)
싫증나다	aburrirse (아부ㄹ리르쎄)
질투하다	envidiar (엔비디아르)
실망하다	decepcionarse (데쎕씨오나르쎄)
후회하다	arrepentirse (아ㄹ레뺀띠르쎄)
우울하다	ponerse melancólico (뽀네르쎄 멜랑꼴리꼬)
비판하다	criticar (끄리띠까르)
고통을 겪다	sufrir (수프리르)
유감이다	sentir (쎈띠르)

의심하다	dudar (두다르)
감동시키다	emocionar (에모씨오나르)
기뻐하다	alegrarse (알레그라르쎄)
놀라다	sorprenderse (쏘르쁘렌데르쎄)
경악하다	asustarse (아수스따르쎄)
당황하다	perplejarse (뻬르쁠레하르쎄)
걱정하다	preocuparse (쁘레오꾸빠르쎄)
웃다	reírse (ㄹ레이르쎄)
울다	llorar (요라르)
미소를 짓다	sonreírse (손ㄹ레이르쎄)
흐느끼다	sollozar (소요싸르)
속삭이다	susurrar (수수ㄹ라르)
애무하다	acariciar (아까리씨아르)
키스하다	besar (베싸르)
껴안다	abrazar (아브라싸르)

감정 · 표정

5 신체

신체	el cuerpo (꾸에르뽀)
몸통	el torso (또르쏘)
머리	la cabeza (까베싸)
두개골	el casco (까스꼬)
	cf. 헬멧 el casco (까스꼬)
척추	las vértebras (베르떼브라스)
얼굴	la cara (까라) / el rostro (ㄹ로스뜨로)
이마	la frente (프렌떼)
관자놀이	las sienes (씨에네스)
눈	el ojo (오호)
코	la nariz (나리쓰)
입	la boca (보까)

귀	la oreja (오레하)
볼/뺨	las mejillas (메히야스)
주근깨	la peca (뻬까)
주름살	la arruga (아르루가)
입술	los labios (라비오스)
잇몸	las encías (엔씨아스)
치아	los dientes (디엔떼스)
앞니	los dientes incisivos (디엔떼스 인씨씨보스)
어금니	las muelas (무엘라스)
송곳니	el colmillo (꼴미요)
사랑니	la muela del juicio (무엘라 델 후이씨오)
덧니	el diente torcido (디엔떼 또르씨도)
혀	la lengua (렝구아)
턱	el mentón (멘똔) / la maníbula (마니불라)
목	el cuello (꾸에요)

신체

목구멍	la garganta (가르간따)
성대	la manzana (만싸나)
어깨	el hombro (옴브로)
가슴	el pecho (뻬초)
유방	el seno (쎄노)
젖꼭지	el pezón (뻬쏜) / la teta (떼따)
갈비뼈	las costillas (꼬스띠야스)
팔	el brazo (브라쏘)
팔꿈치	el codo (꼬도)
손	la mano (마노)
손톱	las uñas (우냐스)
손목	la muñeca (무녜까)
손가락	los dedos (데도스)
엄지	el dedo pulgar (데도 뿔가르)
검지	el dedo índice (데도 인디쎄)

중지	el dedo cordial (데도 꼬르디알)
약지	el dedo anular (데도 아눌라르)
새끼손가락	el dedo meñique (데도 메니께)
주먹	el puño (뿌뇨)
손바닥	la palma (빨마)
지문	las huellas digitales (우에야스 디히딸레스)
다리	la pierna (삐에르나)
	cf. 동물의 다리 la pata (빠따)
발	el pie (삐에)
발톱	las uñas de los dedos del pie (우냐스 데 로스 데도스 델 삐에)
발목	el tobillo (또비요)
발꿈치	el talón (딸론)
사타구니	el muslo (무슬로)
무릎	la rodilla (ㄹ로디야)

신체

머리카락	el pelo (뻴로)
생머리	el pelo liso (뻴로 리소)
고수머리	el pelo rizado (뻴로 르리싸도)
눈썹	la ceja (쎄하)
속눈썹	las pestañas (뻬스따냐스)
눈꺼풀	el párpado (빠르빠도)
눈곱	la lagaña (라가냐)
눈동자	la pupila (뿌삘라)
다크서클	la ojera (오헤라)
콧구멍	las ventanas de la nariz (벤따나스 데 라 나리쓰)
광대뼈	el pómulo (뽀물로)
겨드랑이	el sobaco (소바꼬)
배	el vientre (비엔뜨레) / la barriga (바르리가)
등	la espalda (에스빨다)

허리	la cintura (씬뚜라)
옆구리	el costado (꼬스따도)
엉덩이	el culo (꿀로)
	동의어 las nalgas (날가스), la cadera (까데라)
배꼽	el ombligo (옴블리고)
턱수염	la barba (바르바)
콧수염	el bigote (비고떼)
구레나룻	las patillas (빠띠야스)
내장	el intestino (인떼스띠노)
뇌	el cerebro (쎄레브로)
위	el estómago (에스또마고)
심장	el corazón (꼬라쏜)
신장	el riñón (르리뇬)
간	el hígado (이가도)
폐	el pulmón (뿔몬)

신경	el nervio (네르비오)
뼈	el hueso (우에쏘)
피부	la piel (삐엘)
순환계	el sistema circulatorio (씨스떼마 씨르꿀라또리오)
정맥	la vena (베나)
동맥	la arteria (아르떼리아)
모세혈관	el vaso capilar (바쏘 까필라르)
피	la sangre (쌍그레)
혈액형	el tipo de sangre (띠뽀 데 쌍그레)
호흡	la respiración (르레스뻬라씨온)
안색	la apariencia (아빠리엔씨아)
눈물	la lágrima (라그리마)
콧물	el moco (모꼬)
상처	la herida (에리다)
딱지	la cicatriz (씨까뜨리쓰)

땀	el sudor (수도르)
모공	el poro (뽀로)
소변	la orina (오리나)
대변	la caca (까까)
	동의어 el extremento (엑스뜨레멘또)
청각	el oído (오이도)
시각	la vista (비스따)
후각	el olfato (올파또)
미각	el gusto (구스또)
촉각	el tacto (딱또)
호흡기관	el aparato respiratorio (아빠라또 르레스삐라또리오)
순환	la circulación (씨르꿀라시온)
신경계	el sistema nervioso (시스떼마 네르비오소)
살다	vivir (비비르)

보다	ver (베르)
듣다	oír (오이르)
냄새나다	oler (올레르)
맛보다	saborear (사보레아르)
감지하다	percibir (뻬르시비르)
호흡하다	respirar (르레스뻬라르)
만지다	tocar (또까르)
밟다	pisar (삐싸르)
하품하다	bostezar (보스떼싸르)
떨다	temblar (뗌블라르)
빨다	chupar (추빠르)
삼키다	tragar (뜨라가르)
출산하다	dar a luz (다르 아 루쓰)
깨다	despertarse (데스뻬르따르쎄)
잠자리에 들다	acostarse (아꼬스따르쎄)

질병 · 증세

건강	la salud (살룻)
질병	la enfermedad (엔페르메닫)
통증	el dolor (돌로르)
증상	el síntoma (씬또마)
바이러스	el virus (비루스)
세균	la bacteria (박떼리아)
	동의어 el germen (헤르멘)
알레르기	la alergia (알레르히아)
암	el cáncer (깐쎄르)
종양	la úlcera (울쎄라) / el tumor (뚜모르)
간염	la hepatitis (에빠띠띠스)
신장염	la nefritis (네프리띠스)

기관지염	la bronquitis (브롱끼띠스)
편도선염	la amigdalitis (아믹달리띠스)
피부염	la dermatitis (데르마띠띠스)
관절염	la artritis (아르뜨리띠스)
요로결석	el cálculo (깔꿀로)
담석증	la cololitiasis (꼴로리띠아씨스)
심장마비	el ataque del corazón (아따께 델 꼬라쏜)
	동의어 el paro cardíaco (빠로 까르디아꼬)
고혈압	la hipertensión (이뻬르뗀씨온)
뇌진탕	la conmoción cerebral (꼰모씨온 쎄레브랄)
뇌사	la muerte cerebral (무에르떼 쎄레브랄)
홍역	el sarampión (사람뻬온)
폐결핵	la tuberculosis (뚜베르꿀로씨스)
말라리아	la malaria (말라리아)
콜레라	el cólera (꼴레라)

장티푸스	la fiebre tifoidea (피에브레 띠포이데아)
정신착란	la psicosis (씨꼬씨스)
골절	la rotura (ㄹ로뚜라)
근시	la miopía (미오삐아)
야맹증	la hemeralopía (에메랄로삐아)
변비	el estreñimiento (에스뜨레니미엔또)
치질	la hemorroida (에모ㄹ로이다)
통증	los dolores (돌로레스)
	동의어 las malestares (말레스따레스)
무좀	el resecamiento de pies (ㄹ레쎄까미엔또 데 삐에스)
재채기	el estornudo (에스또르누도)
기침	la tos (또스)
가래	la flema (플레마)
감기	el resfriado (ㄹ레스프리아도)

질병 · 증세

독감	el catarro (까따ㄹ로) / la gripe (그리뻬)
설사	la diarrea (디아ㄹ레아)
구토	el vómito (보미또)
멀미	los mareos (마레오스)
메스꺼움	el asco (아스꼬)
열	la fiebre (피에브레)
오한	el escalofrío (에스깔로프리오)
화상	la quemadura (께마두라)
충치	la caries (까리에스)
빈혈	la anemia (아네미아)
블랙헤드	la espinilla (에스삐니야)
현기증	el vértigo (베르띠고)
불면증	el insomnio (인솜니오)
다치다	hacerse daño (아쎄르쎄 **다뇨**)
잘리다	cortarse (꼬르**따**르쎄)

숨이 막히다	asfixiarse (아스픽씨아르쎄)
땀 흘리다	sudar (수다르)
토하다	vomitar (보미따르)
감기 걸리다	resfriarse (르레스프리아르쎄)
기침하다	toser (또쎄르)
재채기하다	estornudar (에스또르누다르)
피 흘리다	sangrar (상그라르)
어지럽다	marearse (마레아르쎄)
기절하다	desmayarse (데스마야르쎄)
전염되다	infectarse (인펙따르쎄)
화상 입다	quemarse (께마르쎄)
붓다	hincharse (인차르쎄)
고통 받다	sufrir (수프리르)

질병 · 증세

의료

종합병원	el hospital (오스삐딸)
개인병원	la clínica (끌리니까)
진료소	la consulta (꼰술따)
요양소	la enfermería (엔페르메리아)
	동의어 el sanatorio (사나또리오)
병실	la habitación (아비따씨온)
응급실	la sala de emergencia (살라 데 에메르헨시아)
수술실	el quirófano (끼로파노)
의사	el doctor (독또르)
간호사	la enfermera (엔페르메라)
위생	la higiene (이히에네)

휴식	el reposo (르레뽀소)
	동의어 el descanso (데스깐쏘)
알약	la pastilla (빠스띠야)
물약	el jarabe (하라베)
안약	las gotas (고따스)
진정제	el calmante (깔만떼)
	동의어 el tranquilizante (뜨랑낄리싼떼)
피임약	el anticonceptivo (안띠꼰쎕띠보)
연고	la pomada (뽀마다)
백신	la vacuna (바꾸나)
분량	la dosis (도씨스)
처방전	la receta (르레쎄따)
마취	la anestesia (아네스떼시아)
목발	la muleta (물레따)
붕대	el vendaje (벤다헤)

깁스	el enyesado (엔예사도)
반창고	el esparadrapo (에스빠라드라뽀)
거즈	la gasa (가싸)
혈압	la tensión (뗀씨온)
	동의어 la presión arterial (쁘레씨온 아르떼리알)
맥박	el pulso (뿔쏘)
	동의어 el latido (라띠도)
체온	la temperatura (뗌뻬라뚜라)
체온계	el termómetro clínico (떼르모메뜨로 끌리니꼬)
혈액형	el tipo de sangre (띠뽀 데 쌍그레)
청진기	el estetoscopio (에스떼또스꼬삐오)
링거액	el suero (수에로)
침	la acupuntura (아꾸뿐뚜라)
예방	la precaución (쁘레까우씨온)
내과	la medicina interna (메디씨나 인떼르나)

외과	la cirugía (씨루히아)
소아과	la pediatría (뻬디아뜨리아)
안과	la oftalmología (오프딸몰로히아)
치과	la odontología (오돈똘로히아)
산부인과	la obstetricia (옵스떼뜨리씨아)
	동의어 la ginecología (히네꼴로히아)
피부과	la dermatología (데르마똘로히아)
비뇨기과	la urología (우롤로히아)
이비인후과	la otorrinolaringología (오또ㄹ리노라링골로히아)
성형외과	la cirugía plástica (씨루히아 쁠라스띠까)
치료하다	curar (꾸라르)
진료하다	tratar (뜨라따르)
예방하다	prevenir (쁘레베니르)
주사를 놓다	inyectar (인옉따르)

의료

밴드를 감다	vendar (벤다르)
수술하다	operar (오뻬라르)
호전되다	mejorar (메호라르)
악화되다	empeorar (엠뻬오라르)
처방하다	recetar (르레쎄**따**르)
문지르다	frotar (프로**따**르)
가라앉히다	calmar (깔마르)
입원시키다	internar en el hospital (인떼르**나**르 엔 엘 오스뻬**딸**) **동의어** hospitalizar (오스뻬딸리**싸**르)
퇴원시키다	dar de alta (다르 데 **알따**)
간호하다	cuidar (꾸이**다**르)

02 가정/음식

8. 주거
9. 의류
10. 가구·침구
11. 가전제품
12. 식기류
13. 기타 생활용품
14. 음식
15. 과일·야채·곡물
16. 육류·해산물·유제품
17. 음료·주류
18. 그 밖의 식품·단위

8. 주거

집	la casa (까싸)
아파트	el piso (삐쏘)
빌딩	el edificio (에디피씨오)
현관	el vestíbulo (베스띠불로)
입구	la entrada (엔뜨라다)
출구	la salida (살리다)
방	la habitación (아비따씨온)
침실	el dormitorio (도르미또리오)
	동의어 la recámara (르레까마라)
거실	el salón (살론)
화장실	el cuarto de baño (꾸아르또 데 바뇨)
부엌	la cocina (꼬씨나)

식당	el comedor (꼬메도르)
서재	la biblioteca (비블리오떼까)
공부방	el estudio (에스뚜디오)
다락	el ático (아띠꼬)
지하실	el sótano (쏘따노)
테라스	la terraza (떼르라싸)
발코니	el balcón (발꼰)
정원	el jardín (하르딘)
뒤뜰	el patio (빠띠오)
지붕	el techo (떼초)
천정	el tejado (떼하도)
벽	la pared (빠렏)
바닥	el suelo (수엘로)
복도	el pasillo (빠씨요)
	동의어 el corredor (꼬르레도르)

주거

층계	la escalera (에스깔레라)
문	la puerta (뿌에르따)
창문	la ventana (벤따나)
초인종	el timbre (띰브레)
건축하다	construir (꼰스뜨루이르)
리노베이션하다	reformar (르레포르마르)
이사하다	mudarse (무다르쎄)
임대하다	alquilar (알낄라르)
칠하다	pintar (삔따르)
설치하다	instalar (인스딸라르)
올라가다	subir (수비르)
내려가다	bajar (바하르)
노크하다	llamar a la puerta (야마르 아 라 뿌에르따)

의류

양복	el traje (뜨라헤)
연미복	el frac (프락)
재킷	la chaqueta (차께따)
점퍼	la americana (아메리까나)
	동의어 el jumper (훔뻬르)
코트	el abrigo (아브리고)
조끼	el chaleco (찰레꼬)
바지	los pantalones (빤딸로네스)
청바지	los pantalones vaqueros (빤딸로네스 바께로스)
치마	la falda (팔다)
미니스커트	la minifalda (미니팔다)
주름치마	la falda de pliegues (팔다 데 쁠리에게스)

원피스	el vestido (베스띠도)
블라우스	la blusa (블루싸)
셔츠	la camisa (까미싸)
티셔츠	la camiseta (까미쎄따)
스웨터	el suéter (수에떼르)
속옷	la ropa interior (ㄹ로빠 인떼리오르)
여자 팬티	los calzones (깔쏘네스)
남자 팬티	los calzoncillos (깔쏜씨요스)
브래지어	los sostenes (소스떼네스)
파자마	el pijama (뻬하마)
수영복	el bañador (바냐도르)
	동의어 la ropa de baño (ㄹ로빠 데 바뇨)
비키니	el bikini (비끼니)
우비	el impermeable (임뻬르메아블레)
양말	los calcetines (깔쎄띠네스)

스타킹	las medias (메디아스)
호주머니	el bolsillo (볼씨요)
목도리	la bufanda (부판다)
손수건	el pañuelo (빠뉴엘로)
장갑	los guantes (관떼스)
허리띠	el cinturón (씬뚜론)
넥타이	la corbata (꼬르바따)
나비넥타이	la corbata de pajarita (꼬르바따 데 빠하리따)
	동의어 la corbata de lazo (꼬르바따 데 라쏘)
구두	los zapatos (싸빠또스)
샌들	las sandalias (산달리아스)
하이힐	los zapatos de tacones altos (싸빠또스 데 따꼬네스 알또쓰)
부츠	las botas (보따쓰)
운동화	las zapatillas (싸빠띠야스)

의류

슬리퍼	las zapatillas (싸빠띠야스)
	동의어 las pantuflas (빤뚜플라스)
모자	el sombrero (솜브레로: 창 있는)
	동의어 el gorro (고르로)
샤워캡	el gorro de baño (고르로 데 바뇨)
안경	las gafas (가파스) / los anteojos (안떼오호스)
콘택트렌즈	los lentes de contacto (렌떼스 데 꼰딱또)
옷걸이	la percha (뻬르차)
드레스룸	el probador (쁘로바도르)
재단사	el sastre (사스뜨레)
봉재	la costura (꼬스뚜라)
사이즈	la talla (따야) *cf.* 크기 el tamaño (따마뇨)
계량	la medida (메디다)
맞춤옷	trajes a medida (뜨라헤스 아 메디다)
반소매	mangas cortas (망가스 꼬르따스)

긴소매	mangas largas (망가스 라르가스)
민소매	sin mangas (씬 망가스)
체크무늬	a cuadros (아 꽈드로스)
줄무늬	a rayas (아 ㄹ라야스)
프린트 된	estampado (에스땀빠도)
린넨	el hilo lino (일로 리노)
나일론	el nilón (닐론)
실크	la seda (쎄다)
비로드(벨벳)	el terciopelo (떼르씨오뻴로)
면	el algodón (알고돈)
가죽	el cuero (꾸에로)
모직	la lana (라나)
지갑	la cartera (까르떼라)
	동의어 la billetera (비예떼라)
동전지갑	el monedero (모네데로)

의류

핸드백	el bolso (볼쏘)
책가방	la mochila (모칠라)
여행가방	la maleta (말레따)
보석	la joya (호야)
팔찌	la pulsera (뿔쎄라)
반지	el anillo (아니요)
목걸이	el collar (꼬야르)
	동의어 la cadenita (까데니따: 목에 붙는 스타일)
귀걸이	los aretes (아레떼스)
	동의어 los pendientes (뻰디엔떼스: 늘어지는 스타일)
금	el oro (오로)
은	la plata (쁠라따)
다이아몬드	el diamante (디아만떼)
루비	el rubí (ㄹ루비)
수정	el cristal (끄리스딸)

상아	el marfil (마르필)
진주	la perla (뻬를라)
유행	la moda (모다)
옷을 입다	ponerse (뽀네르쎄)
	동의어 vestirse (베스띠르쎄), llevar (예바르)
옷을 벗다	quitarse (끼따르쎄)
옷을 바꿔 입다	cambiarse (깜비아르쎄)
신발을 신다	calzarse (깔싸르쎄)
입어 보다	probarse (쁘로바르쎄)
걸다	colgar (꼴가르)
옷을 만들다	hacer ropa/vestidos (아쎄르 ㄹ로빠/베스띠도스)

의류

가구 · 침구

가구	el mueble (무에블레)
조립용 가구	el mueble ensamblado (무에블레 엔쌈블라도)
집기	los enseres (엔쎄레스)
화장대	el tocador (또까도르)
탁자	la mesa (메싸)
탁자보	el mantel (만뗄)
책상	el escritorio (에스끄리또리오)
서랍	el cajón (까혼)
	동의어 la gaveta (가베따)
의자	la silla (씨야)
옷장	el armario (아르마리오)

소파	el sofá (쏘파)
흔들의자	la mecedora (메쎄도라)
요람	la cuna (꾸나)
침대	la cama (까마)
이층침대	la litera (리떼라)
매트리스	el colchón (꼴촌)
매트리스커버	la colcha (꼴차)
침대커버	la sábana (싸바나)
담요	la manta (만따)
베개	la almohada (알모아다)
쿠션	el cojín (꼬힌)
	동의어 el almohadón (알모아돈)
수건	la toalla (또아야)
커튼	la cortina (꼬르띠나)
	cf. 연극의 막 el telón (뗄론)

가구 · 침구

블라인드	la persiana (뻬르씨아나)
카펫	la alfombra (알폼브라)
가구로 채우다	amueblar (아무에블라르)
털다	sacudir (싸꾸디르)
세탁하다	lavar (라바르)
졸다	dormitar (도르미따르)
앉다	sentarse (쎈따르세)
눕다	echarse (에차르쎄)
	동의어 tumbarse (뚬바르쎄)
잠자리에 들다	acostarse (아꼬스따르쎄)
잠자다	dormir (도르미르)
깨다	despertarse (데스뻬르따르쎄)
일어나다	levantarse (레반따르쎄)

가전제품

텔레비전	la televisión (뗄레비씨온)
안테나	la antena (안떼나)
VCR	el vídeo (비데오)
DVD	el DVD (디비디)
비디오테이프	la cinta de vídeo (씬따 데 비데오)
에어컨	el acondicionador de aire (아꼰디씨오나도르 데 아이레)
선풍기	el ventilador (벤띨라도르)
진공청소기	el aspirador (아스뻬라도르)
	동의어 la aspiradora (아스뻬라도라)
세탁기	la lavadora (라바도라)
건조기	el secador (세까도르)

가습기	el humidificador (우미디피까도르)
다리미	la plancha (쁠란차)
냉장고	el refrigerador (르레프리헤라도르)
	동의어 la nevera (네베라)
식기세척기	el lavavajillas (라바바히야스)
오븐	el horno (오르노)
가스레인지	la cocina a gas (꼬씨나 아 가쓰)
	동의어 la estufa (에스뚜파)
전자레인지	el horno de microondas (오르노 데 미끄로온다스)
믹서	la licuadora (리꽈도라)
가열기	el calentador (깔렌따도르)
난방	la calefacción (깔레팍씨온)
전기난로	el calefactor eléctrico (깔레팍또르 엘렉뜨리꼬)
헤어드라이어	el secador (쎄까도르)

재봉틀	la máquina de coser (마끼나 데 꼬쎄르)	
라디오	la radio (ㄹ라디오)	
리모컨	el control remoto (꼰뜨롤 ㄹ레모또)	
	동의어 el mando a distancias (만도 아 디스딴씨아스)	
이어폰	los audífonos (아우디포노스)	
저울	la balanza (발란싸)	
작동하다	funcionar (푼씨오나르)	
플러그를 꽂다	enchufar (엔추파르)	
기계를 작동시키다	encender (엔쎈데르)	
	동의어 prender (쁘렌데르)	
기계를 멈추다	apagar (아빠가르)	
다림질하다	planchar (쁠란차르)	
덥히다	calentar (깔렌따르)	
식히다	enfriar (엔프리아르)	

가전제품

식기류

스푼	la cuchara (꾸차라)
티스푼	la cucharilla (꾸차리야)
포크	el tenedor (떼네도르)
나이프	el cuchillo (꾸치요)
스푼, 포크, 나이프 세트	el cubierto (꾸비에르또)
젓가락	los palillos (빨리요스)
이쑤시개	los palillos de dientes (빨리요스 데 디엔떼스)
꼬치	el palo (빨로)
빨대	la cañita (까니따)
	동의어 la pajita (빠히따)
접시	el plato (쁠라또)
냅킨	la servilleta (세르비예따)

컵	el vaso	(바소)
술잔	la copa	(꼬빠)
찻잔	la taza	(따싸)
병	la botella	(보떼야)
항아리	el jarro	(하르로)
바구니	la cesta	(쎄스따)
	동의어 la canasta	(까나스따)
국자	el cucharón	(꾸차론)
주걱	la espátula	(에스빠뚤라)
거품 제조기	la espumadera	(에스뿌마데라)
행주	la toalla de cocina	(또아야 데 꼬시나)
도마	la tabla de cocina	(따블라 데 꼬시나)
차 주전자	la tetera	(떼떼라)
쟁반	la bandeja	(반데하)
프라이팬	la sartén	(싸르뗀)

식기류

솥	la olla (오야)
압력솥	la olla de presión (오야 데 쁘레씨온)
요리하다	cocinar (꼬시나르)
설거지하다	fregar (프레가르)
	동의어 lavar los platos (라바르 로스 쁠라또스)
정돈하다	arreglar (아르레글라르)
준비하다	preparar (쁘레빠라르)
끓이다	hervir (에르비르)
데우다	calentar (깔렌따르)
삶다	guisar (기사르)
볶다	freír (프레이르)
굽다	asar (아싸르)
갈다	moler (몰레르)
짜다	exprimir (엑스쁘리미르)
튀기다	freír (프레이르)

다지다	picar (삐까르)
자르다	partir (빠르띠르)
훈제하다	ahumar (아우마르)
껍질을 벗기다	pelar (뻴라르)
섞다	mezclar (메스끌라르)
익히다	cocer (꼬쎄르)
휘젓다	batir (바띠르)
그릴에 굽다	asar a la parrilla (아싸르 아 라 빠르리야)

식기류

기타 생활용품

욕조	el baño (바뇨) / la bañera (바녜라)
샤워기	la ducha (두차)
샤워기 호스	la regadera (르레가데라)
호스(일반)	la manguera (망게라)
세면기	el lavabo (라바보)
개수대	el fregadero (프레가데로)
수도꼭지	el grifo (그리포)
	동의어 la llave (야베)
수건걸이	el toallero (또아예로)
손잡이	la manija (마니하)
거울	el espejo (에스뻬호)
비누	el jabón (하본)

비누통	la jabonera (하보네라)
칫솔	el cepillo de dientes (쎄삐요 데 디엔떼스)
치약	la pasta de dientes (빠스따 데 디엔떼스)
샴푸	el champú (참뿌)
린스	el acondicionador (아꼰디씨오나도르)
	동의어 el enjuague (엔후아게)
스펀지	la esponja (에스뽕하)
타일	el azulejo (아쑬레호)
빗	el peine (뻬이네)
휴지	el papel higiénico (빠뻴 이히에니꼬)
생리대	la toalla higiénica (또아야 이히에니까)
전기콘센트	el enchufe (엔츄페)
전화기	el teléfono (뗄레포노)
전구	la bombilla (봄비야)
철사	el alambre (알람브레)

기타 생활용품

망치	el martillo (마르띠요)
못	el clavo (끌라보)
나사	el tornillo (또르니요)
송곳	el picador (삐까도르)
톱	la sierra (씨에ㄹ라)
도끼	el hacha (아차)
실	el hilo (일로)
바늘	la aguja (아구하)
단추	el botón (보똔)
지퍼	la cremallera (끄레마예라)
	동의어 el cierre (씨에ㄹ레)
얇은 끈	el hilo (일로)
끈/테이프	la cinta (씬따)
밧줄	la cuerda (꾸에르다)
열쇠	la llave (야베)

자물쇠	la cerradura (쎄르라두라)
화장품	los cosméticos (꼬스메띠꼬스)
로션	la emulsión (에물씨온)
립스틱	el lápiz labial (라삐쓰 라비알)
	동의어 el colorete (꼴로레떼)
립글로스	el brillo de labios (브리요 데 라비오스)
마스카라	el rímel (르리멜)
	cf. 마스크 la máscara (마스까라)
아이섀도	la sombra de ojos (솜브라 데 오호스)
매니큐어	el esmalte (에스말떼)
	동의어 el pintaúñas (삔따우냐스)
아세톤	la acetona (아세또나)
	동의어 el quitaesmalte (끼따에스말떼)
머리띠	la diadema (디아데마)
방울	la gota (고따)

기타 생활용품

향수	el perfume (뻬르푸메)
골동품	la antigüedad (안띠구에닫)
꽃병	el florero (플로레로)
화분	la maceta (마쎄따)
달력	el calendario (깔렌다리오)
자명종	el despertador (데스뻬르따도르)
시계	el reloj (ㄹ렐로흐)
빗자루	la escoba (에스꼬바)
걸레	el trapo (뜨라뽀)
쓰레받기	el recogedor (ㄹ레꼬헤도르)
쓰레기	la basura (바쑤라)
쓰레기통	el basurero (바쑤레로)
성냥	el fósforo (포스포로)
	동의어 la cerilla (쎄리야)
양초	la vela (벨라)

앨범	el álbum	(알붐)
카메라	la cámara	(까마라)
필름	el rollo	(ㄹ로요)
사진	la fotografía	(포또그라피아)
스탠드	la lámpara	(람빠라)
샹들리에	la araña	(아라냐)
액자	el portarretratos	(뽀르따르레뜨라또스)
	동의어 el marco	(마르꼬)
유리	el vidrio	(비드리오)
손톱깎이	el cortaúñas	(꼬르따우냐스)
공	la pelota	(뻴로따)
장난감	el juguete	(후게떼)
쓸다	barrer	(바ㄹ레르)
물청소하다	fregonar	(프레고나르)
샤워하다	ducharse	(두차르쎄)

기타 생활용품

목욕하다	bañarse (바냐르세)
이빨을 닦다	cepillarse (쎄삐야르쎄)
머리를 빗다	peinarse (뻬이나르세)
씻다	lavarse (라바르세)
화장하다	maquillarse (마끼야르세)
	동의어 pintarse (삔따르세)
바느질하다	coser (꼬쎄르)
톱질하다	serrar (쎄르라르)
열다	abrir (아브리르)
닫다	cerrar (쎄르라르)

14 음식

음식	la comida (꼬미다)
영양	la nutrición (누뜨리씨온)
아침 식사	el desayuno (데싸이우노)
점심 식사	la comida (꼬미다)
	동의어 el almuerzo (알무에르쏘)
저녁 식사	la cena (쎄나)
후식	el postre (뽀스뜨레)
간식	la merienda (메리엔다)
애피타이저	el aperitivo (아뻬리띠보)
전채	los entremeses (엔뜨레메쎄쓰)
요리	el plato (쁠라또)
식이요법	la dieta (디에따)

채식주의	el vegetarismo (베헤따리스모)
미식주의	la gastronomía (가스뜨로노미아)
빵	el pan (빤)
케이크	el pastel (빠스뗄)
스테이크	el bistec (비스떽)
또르띠야	la tortilla (또르띠야: 밀가루 전병)
타코	el taco (따코: 멕시코 전통 음식)
빠에야	la paella (빠에야: 해산물을 넣은 볶음밥)
햄버거	la hamburguesa (암부르게싸)
핫도그	el perro caliente (뻬르로 깔리엔떼)
	동의어 el pancho (빤초: pan con chorizo의 준말)
프렌치 프라이	las patatas fritas (빠따따스 프리따스)
파스타	las pastas (빠스따스)
스파게티	el espagueti (에스빠게띠)
국수	los fideos (피데오스)

볶음밥	el arroz frito (아ㄹ로스 프리또)
쌀밥	el arroz vaporado (아ㄹ로스 바뽀라도)
샌드위치	el bocadillo (보까디요)
수프	la sopa (소빠)
콩소메	el consomé (꼰소메 : 맑은 수프)
샐러드	la ensalada (엔살라다)
통조림	la lata (라따)
빙수	la nieve raspada (니에베 ㄹ라스빠다)
꼬치구이	el anticucho (안띠꾸초)
먹다	comer (꼬메르)
아침을 먹다	desayunar (데싸이우나르)
점심을 먹다	comer (꼬메르)
	동의어 almorzar (알모르싸르)
간식을 먹다	merendar (메렌다르)
저녁을 먹다	cenar (쎄나르)

음식

81

과일 · 야채 · 곡물

과일	la fruta (프루따)
사과	la manzana (만싸나)
배	la pera (뻬라)
오렌지	la naranja (나랑하)
포도	la uva (우바)
건포도	la pasa (빠싸)
복숭아	el melocotón (멜로꼬똔)
딸기	la fresa (프레싸)
	동의어 la frutilla (프루띠야)
바나나	el plátano (쁠라따노)
	동의어 la banana (바나나)
메론	el melón (멜론)

수박	la sandía (산디아)
살구	el albaricoque (알바리꼬께)
레몬	el limón (리몬)
키위	el kiwi (끼귀)
체리	la cereza (쎄레싸)
아보카도	el aguacate (아과까떼)
그레이프후르츠	el pomelo (뽀멜로)
야채	las legumbres (레굼브레스)
	동의어 las verduras (베르두라스)
양배추	la col (꼴)
배추	la col china (꼴 치나)
상추	la lechuga (레추가)
무	el rábano (ㄹ라바노)
오이	el pepino (뻬삐노)
당근	la zanahoria (싸나오리아)

과일·야채·곡물

양파	la cebolla (쎄보야)
생강	la jengibre (헹히브레)
토마토	el tomate (또마떼)
감자	la patata (빠따따)
	동의어 la papa (빠빠)
고구마	el camote (까모떼)
	동의어 la batata (바따따)
시금치	la espinaca (에스삐나까)
호박	la calabaza (깔라바싸)
마늘	el ajo (아호)
버섯	el hongo (옹고)
	동의어 la seta (세따), el champiñón (참삐뇬)
고추	el ají (아히)
	동의어 el chile (칠레)
피망	el pimiento (삐미엔또)

샐러리	el apio (아삐오)
브로콜리	el brocolí (브로꼴리)
아스파라거스	el aspárrago (아스빠르라고)
쌀	el arroz (아르로쓰)
콩	el frijol (프리홀)
	동의어 la judía (후디아)
옥수수	el maíz (마이쓰)
밀	el trigo (뜨리고)
	cf. 밀가루 la harina de trigo (아리나 데 뜨리고)
깨	el ajonjolí (아홍홀리)
땅콩	el cacahuete (까까우에떼)
아몬드	la almendra (알멘드라)
호두	la nuez (누에쓰)

과일·야채·곡물

16 육류 · 해산물 · 유제품

쇠고기	la carne de res (까르네 데 ㄹ레스)
송아지고기	la ternera (떼르네라)
돼지고기	el cerdo (쎄르도)
닭고기	el pollo (뽀요)
	cf. 닭 la gallina (가이나)
양고기	el cordero (꼬르데로)
칠면조고기	el pavo (빠보)
갈비	la chuleta (츌레따)
등심	el lomo (로모)
삼겹살(베이컨)	el tocino (또씨노)
로스트비프	el rosbif (ㄹ로스비프)
햄	el jamón (하몬)

소시지	el chorizo	(초리쏘)
긴 소시지	la salchicha	(살치차)
순대	el relleno	(르레예노)
해물	el marisco	(마리스꼬)
생선	el pescado	(뻬스까도)
조개	la concha	(꼰차)
게	el cangrejo	(깡그레호)
새우	el camarón	(까마론)
가재	la langosta	(랑고스따)
정어리	la sardina	(사르디나)
멸치	la anchoveta	(안초베따)
홍합	la anchoa	(안초아)
참치	el atún	(아뚠)
	cf. 과일 뚜나 la tuna	(뚜나)
송어	la trucha	(뜨루차)

육류 · 해산물 · 유제품

연어	el salmón (쌀몬)
굴	la ostra (오스뜨라)
오징어	el calamar (깔라마르)
낙지	el pulpo (뿔뽀)
우유	la leche (레체)
요구르트	el yogur (요구르)
치즈	el queso (께쏘)
버터	la mantequilla (만떼끼야)
마가린	la margarina (마르가리나)
크림	la crema (끄레마)
계란	el huevo (우에보)
흰자	la clara (끌라라)
노른자	la yema (예마)
완숙	el huevo duro (우에보 두로)
반숙	el huevo pasado (우에보 빠싸도)

17 음료 · 주류

물	el agua (아구아)
음료	la bebida (베비다)
생수	el agua embotellada (아구아 엠보떼야다)
광천수	el agua mineral (아구아 미네랄)
토닉 워터	el agua tónica (아구아 또니까)
주스	el jugo (후고)
	동의어 zumo (쑤모)
갈아 만든 주스	el jugo natural (후고 나뚜랄)
	동의어 el jugo exprimido (후고 엑스쁘리미도)
오렌지주스	el jugo de naranja (후고 데 나랑하)
토마토주스	el jugo de tomate (후고 데 또마떼)
레모네이드	la limonada (리모나다)

펀치	el ponche (뽄체)
커피	el café (까페)
밀크커피	el café con leche (까페 꼰 레체)
코코아	el chocolate (초꼴라떼)
녹차	el té verde (떼 베르데)
홍차	el té negro (떼 네그로)
우유	la leche (레체)
청량음료	el refresco (르레프레스꼬)
탄산음료	la gaseosa (가쎄오싸)
코카콜라	coca-cola (꼬까꼴라)
사과주	la sidra (씨드라)
알코올	el alcohol (알꼬올)
맥주	la cerveza (쎄르베싸)
생맥주	la caña (까냐)
와인	el vino (비노)

레드와인	el vino tinto (비노 띤또)
화이트와인	el vino blanco (비노 블랑꼬)
스파클링와인	el cava (까바)
샴페인	el champán (참빤)
위스키	el whiski (위스끼)
	동의어 el güisqui (구이스끼)
보드카	el vodka (보드까)
칵테일	el coctel (꼭뗄)
코냑	el coñá (꼬냐)
테킬라	la tequila (떼낄라)
	cf. 숙성주 añejo (아녜호)
마시다	beber (베베르)
술에 취하다	emborracharse (엠보르라차르쎄)

음료 · 주류

그 밖의 식품 · 단위

껌	el chicle (치끌레)
초콜릿	el chocolate (초꼴라떼)
캐러멜	el caramelo (까라멜로)
과자	la galleta (가예따)
츄러스	el churro (추ㄹ로)
꿀	la miel (미엘)
	cf. 신혼여행 la luna de miel (루나 데 미엘)
아이스크림	el helado (엘라도)
셔벗	la nieve (니에베)
두부	el tofu (또푸)
참기름	el aceite de césamo (아쎄이떼 데 쎄사모)
그램	el gramo (그라모)

킬로그램	el kilógramo (낄로그라모)
	동의어 el kilo (낄로)
파운드	la libra (리브라)
설탕	el azúcar (아쑤까르)
소금	la sal (쌀)
식초	el vinagre (비나그레)
겨자	la mostaza (모스따싸)
후추	la pimienta (삐미엔따)
소스	la salsa (쌀싸)
간장	la salsa de soya (쌀싸 데 쏘야)
	동의어 la salsa de soja (쌀싸 데 쏘하)
케첩	el kétchup (께쭙)
	동의어 la salsa de tomate (쌀싸 데 또마떼)
마요네즈	la mayonesa (마요네싸)
올리브오일	el aceite de oliva (아쎄이떼 데 올리바)

그 밖의 식품 · 단위

잼	la mermelada (메르멜라다)
재다	medir (메디르)
씹다	masticar (마스띠까르)
핥다	lamer (라메르)
바르다	untar (운따르)
뿌리다	echar (에차르)

03 교육/문화

- 19. 교육
- 20. 학문
- 21. 취미
- 22. 음악·악기
- 23. 미술·색
- 24. 문학·출판
- 25. 영화·연극·방송
- 26. 스포츠·게임
- 27. 여행
- 28. 기념일

19 교육

교육	la enseñanza (엔쎄냔싸)
유아원	el jardín de niños (하르딘 데 니뇨스)
유치원	el preescolar (쁘레에스꼴라르)
초등학교	la escuela primaria (에스꾸엘라 쁘리마리아)
중학교	la escuela secundaria (에스꾸엘라 세꾼다리아)
	cf. la escuela secundaria básica (에스꾸엘라 세꾼다리아 바씨까: 중고등학교가 합쳐있을 때 사용)
고등학교	la escuela preparatoria (에스꾸엘라 쁘레빠라또리아)
	cf. la escuela secundaria bachillerato (에스꾸엘라 세꾼다리아 바치예라또: 중고등학교가 합쳐있을 때 사용)
대학교	la universidad (우니베르씨닫)
대학원	la escuela de posgrado (에스꾸엘라 데 뽀스그라도)

학위	el título (띠뚤로)
학사	el licenciado (리쎈씨아도)
석사	el máster (마스떼르)
박사	el doctor (독또르)
학사과정	la licenciatura (리쎈씨아뚜라)
석사과정	la maestría (마에스뜨리아)
박사과정	el doctorado (독또라도)
과	el departamento (데빠르따멘또)
단과대학	la facultad (파꿀땃)
인문과학	las Humanidades (우마니다데스)
사회과학	las Ciencias Sociales (씨엔씨아스 쏘씨알레스)
법학	el Derecho (데레쵸)
의학	la Medicina (메디씨나)
치과의학	la Odontología (오돈똘로히아)
자연과학	las Ciencias Naturales (씨엔씨아스 나뚜랄레스)

교육

공학	la Ingeniería (인헤니에리아)
연구실	el laboratorio (라보라또리오)
교실	la clase (끌라쎄)
	동의어 la aula (아울라)
청강생	el oyente (오옌떼)
학년도	el año escolar (아뇨 에스꼴라르)
학기	el semestre (세메스뜨레)
입학	el ingreso (인그레쏘)
졸업	la graduación (그라두아씨온)
자격증	el certificado (쎄르띠피까도)
증명서	el acta (악따)
신청서	la solicitud (솔리씨뚣)
평가	las calificaciones (깔리피까씨오네스)
성적	las notas (노따스)
상	el premio (쁘레미오)

장학금	la beca (베까)
학비	la pensión educativa (뺀씨온 에두까띠바)
학회	la conferencia (꼰페렌씨아)
세미나	el seminario (쎄미나리오)
이론	la teoría (떼오리아)
실천	la práctica (쁘락띠까)
지식	el conocimiento (꼬노씨미엔또)
진리	la verdad (베르닫)
방학	las vacaciones (바까씨오네스)
개학	la apertura del curso (아뻬르뚜라 델 꾸르소)
견학	la visita (비씨따)
등록	la matrícula (마뜨리꿀라)
과목	la asignatura (아씨그나뚜라)
필수과목	el curso obligatorio (꾸르쏘 오블리가또리오)
선택과목	el curso electivo (꾸르쏘 엘렉띠보)

교육

출석	la asistencia (아씨스뗀씨아)
결석	la ausencia (아우쎈씨아)
컨닝	la copia (꼬삐아)
필기시험	el examen escrito (엑싸멘 에스끄리또)
구술시험	el examen oral (엑싸멘 오랄)
중간고사	el examen parcial (엑싸멘 빠르씨알)
기말고사	el examen final (엑싸멘 피날)
과제	los deberes (데베레스)
리포트	el trabajo (뜨라바호)
제출	la presentación (쁘레센따씨온)
자료	el material (마떼리알)
복사판	la fotocopia (포또꼬삐아)
답안	la respuesta (르레스뿌에스따)
노트필기	los apuntes (아뿐떼스)
배우다	aprender (아쁘렌데르)

가르치다	enseñar (엔쎄냐르)
공부하다	estudiar (에스뚜디아르)
암기하다	memorizar (메모리싸르)
시험 보다	tomar examen (또마르 엑싸멘)
필기하다	tomar apuntes (또마르 아뿐떼스)
등록하다	matricularse (마뜨리꿀라르쎄)
입학하다	ingresar (잉그레사르)
졸업하다	graduarse (그라두아르쎄)
발표하다	exponer (엑스뽀네르)
숙제하다	hacer la tarea (아쎄르 라 따레아) 동의어 hacer los deberes (아쎄르 로스 데베레스)
이름을 부르다	nombrar (놈브라르)
묻다	preguntar (쁘레군따르)
대답하다	responder (르레스뽄데르)

교육

20 학문

문학	las letras (레뜨라스)
철학	la filosofía (필로소피아)
어문학	la filología (필롤로히아)
지리학	la geografía (헤오그라피아)
역사학	la historia (이스또리아)
고고학	la arqueología (아르께올로히아)
예술학	las bellas artes (베야스 아르떼스)
교육학	la pedagogía (뻬다고히아)
법학	el derecho (데레초)
심리학	la psicología (씨꼴로히아)
생물학	la biología (비올로히아)
수학	las matemáticas (마떼마띠까스)

화학	la química (끼미까)
물리학	la física (피씨까)
공학	la ingeniería (인헤니에리아)
의학	la medicina (메디씨나)
약학	la farmacología (파르마꼴로히아)
수의학	la veterinaria (베떼리나리아)
경제학	la economía (에꼬노미아)
사회학	la sociología (소씨올로히아)
농학	la agronomía (아그로노미아)
신학	la teología (떼올로히아)

학문

21 취미

취미	el pasatiempo (빠싸띠엠뽀)
	동의어 el jobi (호비), la aficíon (아피씨온)
독서	la lectura (렉뚜라)
체스	el ajedrez (아헤드레쓰)
음악 감상	la música (무씨까)
요가	el yoga (요가)
발레	el ballet (발레)
사냥	la caza (까싸)
우표 수집	la colección de sellos (꼴렉씨온 데 쎄요스)
원예	el cultivo de plantas (꿀띠보 데 쁠란따스)
전자 게임	los juegos electrónicos (후에고스 엘렉뜨로니꼬스)

104

		취미
요리	la cocina (꼬씨나)	
댄스	el baile (바일레)	
놀다	jugar (후가르)	
읽다	leer (레에르)	
사냥하다	cazar (까싸르)	
수집하다	coleccionar (꼴렉씨오나르)	
가꾸다	criar (끄리아르)	
춤추다	bailar (바일라르)	
수다 떨다	charlar (차를라르)	
편지 쓰다	escribir cartas (에스끄리비르 까르따스)	

22 음악 · 악기

음악	la música (무씨까)
노래	la canción (깐씨온)
작곡	la composición (꼼뽀시씨온)
연주	la interpretación (인떼르쁘레따씨온)
	동의어 la ejecución (에헤꾸씨온)
독창	el sólo (쏠로)
듀엣	el dúo (두오)
트리오	el trío (뜨리오)
4중주	el cuarteto (꽈르떼또)
합창	el coro (꼬로)
선율	la melodía (멜로디아)
민요	la canción folklórica (깐씨온 폴끌로리까)

캐럴	el villancico	(비얀씨꼬)
클래식 음악	la música clásica	(무씨까 끌라씨까)
오페라	la ópera	(오뻬라)
뮤지컬	el musical	(무씨깔)
세레나데	la serenata	(쎄레나따)
음악회	el concierto	(꼰씨에르또)
실내악	la música de cámara	(무씨까 데 까마라)
오케스트라	la orquesta	(오르께스따)
악기	el instrumento musical	(인스뜨루멘또 무씨깔)
피아노	el piano	(삐아노)
그랜드피아노	el piano de cola	(삐아노 데 꼴라)
오르간	el órgano	(오르가노)
하모니카	la armónica	(아르모니까)
아코디언	el acordeón	(아꼬르데온)

음악 · 악기

기타	la guitarra (기**따**라)
하프	el arpa (아르**빠**)
바이올린	el violín (비올**린**)
비올라	la viola (비**올**라)
첼로	el violoncelo (비올론**쎌**로)
콘트라베이스	el contrabajo (꼰뜨라**바**호)
플루트	la flauta (플라**우**따)
트롬본	el trombón (뜨롬**본**)
트럼펫	la trompeta (뜨롬**뻬**따)
색소폰	el saxofón (삭소**폰**)
북	el tambor (땀**보**르)
가수	el/la cantante (깐**딴**떼)
소프라노	el soprano (쏘**쁘**라노)
베이스	el bajo (**바**호)
무대	el escenario (에쎄**나**리오)

밴드	la banda (반다)	
전축	el tocadiscos (또까디스꼬스)	
테이프	la cinta (씬따)	
레코드판	el disco (디스꼬)	음악·악기
음악을 듣다	escuchar música (에스꾸차르 무씨까)	
연주하다	tocar (또까르)	
노래하다	cantar (깐따르)	
작곡하다	componer (꼼뽀네르)	
박수 치다	aplaudir (아쁠라우디르)	

23 미술 · 색

예술	el arte (아르떼)
화가	el pintor (삔또르)
조각가	el escultor (에스꿀또르)
유화	la pintura al óleo (삔뚜라 알 올레오)
수채화	la acuarela (아꽈렐라)
그림	la pintura (삔뚜라)
드로잉	el dibujo (디부호)
조각	la escultura (에스꿀뚜라)
디자인	el diseño (디쎄뇨)
스케치	el esbozo (에스보쏘)
초상화	el retrato (르레뜨라또)
모델	el modelo (모델로)

캐리커처	la caricatura (까리까뚜라)
풍경화	el paisaje (빠이사헤)
추상화	la pintura abstracta (삔뚜라 압스뜨락따)
붓	el pincel (삔쎌)
이젤	el caballete (까바예떼)
팔레트	la paleta (빨레따)
그림틀	el marco (마르꼬)
캔버스	el lienzo (리엔쏘)
스튜디오	el estudio (에스뚜디오)
전시회	la exposición (엑스뽀시씨온)
색	el color (꼴로르)
빨간색	el rojo (ㄹ로호)
주황색	la naranja (나랑하)
분홍색	el rosa (ㄹ로싸)
노란색	el amarillo (아마리요)

미술 · 색

초록색	el verde (베르데)
하늘색	el celeste (셀레스떼)
파란색	el azul (아쑬)
남색	el azul marino (아쑬 마리노)
보라색	el violeta (비올레따)
검은색	el negro (네그로)
흰색	el blanco (블랑꼬)
회색	el gris (그리스)
흑백	en blanco y negro (엔 블랑꼬 이 네그로)
컬러	de color (데 꼴로르)
그리다	pintar (삔따르)
조각하다	esculpir (에스꿀삐르)
설치하다	instalar (인스딸라르)
전시하다	exponer (엑스뽀네르)
디자인하다	diseñar (디쎄냐르)

24. 문학·출판

문학	la literatura (리떼라뚜라)
장르	el género (헤네로)
시	el verso (베르쏘)
소설	la novela (노벨라)
수필	el ensayo (엔싸요)
동화	el cuento infantil (꾸엔또 인판띨)
삽화	la ilustración (일루스뜨라씨온)
전설	la leyenda (레옌다)
걸작	la obra maestra (오브라 마에스뜨라)
베스트셀러	el más vendido (마스 벤디도)
고전	el canón (까논)
스타일	el estilo (에스띨로)

운율	la rima (르 리마)
출판	la publicación (뿌블리까씨온)
인세	el derecho de autor (데레초 데 아우또르)
번역	la traducción (뜨라둑씨온)
해설	la explicación (엑스쁠리까씨온)
편집	la redacción (르 레닥씨온)
판권	la propiedad literaria (쁘로뻬에닫 리떼라리아)
인쇄	la imprenta (임쁘렌따)
출판사	el editorial (에디또리알)
창작하다	inventar (인벤따르)
번역하다	traducir (뜨라두씨르)
인쇄하다	imprimir (임쁘리미르)
출판하다	publicar (뿌블리까르)

25 영화 · 연극 · 방송

영화	la película (뻴리꿀라)
연극	el teatro (떼아뜨로)
라디오	la radio (ㄹ라디오)
텔레비전	la televisión (뗄레비씨온)
드라마	la telenovela (뗄레노벨라)
다큐멘터리	el documental (도꾸멘딸)
채널	el canal (까날)
전파	la onda (온다)
비극	el tragedia (뜨라헤디아)
희극	la comedia (꼬메디아)
극본	el guión teatral (기온 떼아뜨랄)
시나리오	el guión (기온)

역할	el papel (빠뻴)
인물	el personaje (뻬르소나헤)
주연	el/la protagonista (쁘로따고니스따)
조연	el actor secundario (악또르 세꾼다리오)
엑스트라	el/la extra (엑스뜨라)
스타	la estrella (에스뜨레야)
관객	el espectador (에스뻭따도르)
영상	la imagen (이마헨)
더빙	el doblaje (도블라헤)
자막	el subtítulo (숩띠뚤로)
스크린	la pantalla (빤따야)
촬영	el rodaje (로다헤)
녹화	la grabación (그라바씨온)
대화	el diálogo (디알로고)
독백	el monólogo (모놀로고)

줄거리	el argumento (아르구멘또)
결말	el desenlace (데쎈라쎄)
막	el telón (뗄론)
장/막	el acto (악또)
시리즈	la serie (세리에)
음향 효과	los efectos sonoros (에펙또스 소노로스)
초연/개봉	el estreno (에스뜨레노)
상영횟수	la sesión (쎄씨온)
	동의어 la función (푼씨온)
조조	la primera función (쁘리메라 푼씨온)
심야상영	la función de la noche (푼씨온 데 라 노체)
제작자	el productor (쁘로둑또르)
감독	el director (디렉또르)
영화제	el festival de cine (페스띠발 데 씨네)
만화영화	los dibujos animados (디부호스 아니마도스)

무성영화	la película muda (뻴리꿀라 무다)
유성영화	la película sonora (뻴리꿀라 소노라)
출연하다	actuar (악뚜아르)
촬영하다	rodar (ㄹ로다르)
	동의어 filmar (필마르)
배역을 맡다	hacer el papel (아쎄르 엘 빠뻴)
녹음하다	grabar (그라바르)
방송하다	transmitir (뜨란스미띠르)
송신하다	emitir (에미띠르)
개봉하다	estrenar (에스뜨레나르)
영화를 보다	ver la película (베르 라 뻴리꿀라)
텔레비전을 보다	ver la televisión (베르 라 뗄레비씨온)
검열하다	censurar (쎈수라르)

26 스포츠 · 게임

스포츠	los deportes (데뽀르떼스)
올림픽	las Olimpiadas (올림삐아다스)
	동의어 los Juegos Olímpicos (후에고스 올림삐꼬스)
아시안게임	los Juegos Asiáticos (후에고스 아씨아띠꼬스)
팀	el equipo (에끼뽀)
시합	el partido (빠르띠도)
토너먼트	el torneo (또르네오)
챔피언십	el campeonato (깜뻬오나또)
리그전	la liga (리가)
응원단	la barra (바ㄹ라)
	동의어 los aficionados (아피씨오나도스)
호루라기	el silbato (실바또)

골	el gol (골)
홈런	el jonrón (홈ㄹ론)
우승	el triunfo (뜨리운포)　동의어 la victoria (빅또리아)
심판	el árbitro (아르비뜨로)
감독	el director técnico (디렉또르 떼끄니꼬)
코치	el entrenador (엔뜨레나도르)
훈련	el entrenamiento (엔뜨레나미엔또)
금메달	la medalla de oro (메다야 데 오로)
은메달	la medalla de plata (메다야 데 쁠라따)
동메달	la medalla de bronce (메다야 데 브론쎄)
육상	el atletismo (아뜰레띠스모)
사이클	el ciclismo (씨끌리스모)
승마	la equitación (에끼따시온)
펜싱	la esgrima (에스그리마)
스키	el esquí (에스끼)

스포츠 · 게임

체조	la gimnasia (힘나씨아)
경마	la carrera de caballos (까르레라 데 까바요스)
레슬링	la lucha libre (루차 리브레)
수상 스포츠	el deporte acuático (데뽀르떼 아꾸아띠꼬)
수상 스키	el esquí acuático (에스끼 아꾸아띠꼬)
스쿠버 다이빙	el buceo (부쎄오)
수영	la natación (나따씨온)
구기 종목	el deporte de pelota (데뽀르떼 데 뻴로따)
축구	el fútbol (풋볼)
배구	el vólibol (볼리볼)
농구	el baloncesto (발론쎄스또)
	동의어 el básquetbol (바스껫볼)
핸드볼	el balonmano (발론마노)
야구	el béisbol (베이스볼)
권투	el boxeo (복쎄오)

볼링	el boliche (볼리체)
골프	el golf (골프)
등산	el alpinismo (알삐니스모)
낚시	la pesca (뻬스까)
투우	la corrida de toros (꼬르리다 데 또로스)
스케이팅	el patinaje (빠띠나헤)
미식축구	el fútbol americano (풋볼 아메리까노)
자동차 경주	la carrera de autos (까르레라 데 아우또스)
육상 선수	el atleta (아뜰레따)
구기 선수	el jugador (후가도르)
수영 선수	el nadador (나다도르)
체조 선수	el/la gimnasta (힘나스따)
기수	el jinete (히네떼)
팬	el aficionado (아피씨오나도)
공	el balón (발론) **동의어** la pelota (뻴로따)

네트	la red	(르렏)
야구 글러브	el guante de pelota	(관떼 데 뻴로따)
	동의어 el guante de béisbol	(관떼 데 베이스볼)
야구 방망이	el bate	(바떼)
경마장	el hipódromo	(이뽀드로모)
투우장	la arena	(아레나)
체육관	el gimnasio	(힘나시오)
축구장	el campo de fútbol	(깜뽀 데 풋볼)
스타디움	el estadio	(에스따디오)
테니스코트	la cancha	(깐차)
체스세트	el juego de ajedrez	(후에고 데 아헤드레쓰)
인형	la muñeca	(무녜까)
보드 게임	el juego de mesa	(후에고 데 메싸)
전자 게임	los juegos electrónicos	(후에고스 엘렉뜨로니꼬스)

스포츠 · 게임

123

운동하다	hacer deporte (아쎄르 데뽀르떼)
걷다	andar (안다르)
달리다	correr (꼬르레르)
들다	levantar (레반따르)
타다	tomar (또마르)
던지다	echar (에차르) **동의어** lanzar(란싸르), tirar(띠라르)
참가하다	participar (빠르띠씨빠르)
(경기를) 이기다	ganar (가나르)
지다	perder (뻬르데르)
(팀을) 이기다	vencer (벤쎄르)
비기다	empatar (엠빠따르)
훈련하다	entrenarse (엔뜨레나르쎄)
출발하다	partir (빠르띠르)
도착하다	llegar (예가르)
열중하다	concentrarse (꼰쎈뜨라르쎄)

27 여행

여행	el viaje (비아헤)
국내여행	el viaje doméstico (비아헤 도메스띠꼬)
해외여행	el viaje extranjero (비아헤 엑스뜨랑헤로)
비자	el visado (비싸도)
여권	el pasaporte (빠싸뽀르떼)
여행사	la agencia de viajes (아헨씨아 데 비아헤스)
여행자수표	el cheque de viajero (체께 데 비아헤로)
관광안내소	la información turística (인포르마씨온 뚜리스띠까)
안내책자	la guía de turismo (기아 데 뚜리스모)
관광안내원	el/la guía (기아)
일정	el itinerario (이띠네라리오)

입구	la entrada (엔뜨라다)
입국카드	la tarjeta de entrada (따르헤따 데 엔뜨라다)
통로	el pasillo (빠씨요)
출구	la salida (살리다)
출국카드	la tarjeta de salida (따르헤따 데 살리다)
탑승	el abordaje (아보르다헤)
항공권	el billete (비예떼)
왕복권	el billete de ida y vuelta (비예떼 데 이다 이 부엘따)
편도권	el billete de ida (비예떼 데 이다)
이코노미클래스	la clase económica (끌라쎄 에꼬노미까)
비즈니스클래스	la clase de negocios (끌라쎄 데 네고씨오스)
퍼스트클래스	la primera clase (쁘리메라 끌라쎄)
웨이팅리스트	la lista de espera (리스따 데 에스뻬라)
크루즈	el crucero (끄루쎄로)

플랫폼	el andén (안덴)
	동의어 la plataforma (쁠라따포르마)
탑승구	la puerta del embarque (뿌에르따 델 엠바르께)
대합실	la sala de espera (쌀라 데 에스뻬라)
휴대품 보관소	el guardarropa (과르다르로빠)
세관	la aduana (아두아나)
세관신고서	la declaración (데끌라라씨온)
검사/검토/조사	la inspección (인스뻭씨온)
검표	la revisión (ㄹ레비씨온)
이륙	el despegue (데스뻬게)
착륙	el aterrizaje (아떼ㄹ리싸헤)
철도	el ferrocarril (페ㄹ로까ㄹ릴)
첫차	el primer tren (쁘리메르 뜨렌)
막차	el último tren (울띠모 뜨렌)

여행

정차	la parada (빠라다)
종점	la última parada (울띠마 빠라다)
좌석	el asiento (아씨엔또)
좌석번호	el número de asiento (누메로 데 아씨엔또)
숙박	el alojamiento (알로하미엔또)
예약	la reservación (르레쎄르바씨온)
취소	la cancelación (깐쎌라씨온)
요금	la tarifa (따리파)
팁	la propina (쁘로삐나)
숙박료	la tarifa de hotel (따리파 데 오뗄)
스위트룸	la suite (수이뜨)
싱글룸	la habitación individual (아비따씨온 인디비두알)
더블룸	la habitación doble (아비따씨온 도블레) 동의어 la habitación matrimonial (아비따씨온 마뜨리모니알)

룸서비스	el servicio a la habitación (세르비씨오 아 라 아비따씨온)
모닝콜	la llamada para despertarse (야마다 빠라 데스뻬르따르쎄)
체크인	el ingreso (잉그레쏘)
체크아웃	la salida (살리다)
카운터	la recepción (ㄹ레쎕씨온)
트렁크	la maleta (말레따)
수하물/짐	el equipaje (에끼빠헤)
특산품	el producto típico (쁘로둑또 띠삐꼬)
민예품	la artesanía (아르떼싸니아)
전통	la tradición (뜨라디씨온)
메뉴판	la carta (까르따)
식단	el menú (메누)
가격표	la lista de precios (리스따 데 쁘레씨오스)
계산서	la cuenta (꾸엔따)

지불	el pago (빠고)
영수증	el recibo (르레씨보)
명함	la tarjeta (따르헤따)
신용카드	la tarjeta de crédito (따르헤따 데 끄레디또)
현금	el efectivo (에펙띠보)
외화	la moneda extranjera (모네다 엑스뜨랑헤라)
수표	el cheque (체께)
지폐	el billete (비예떼)
동전	la moneda (모네다)
잔돈	el suelto (수엘또)
거스름돈	el cambio (깜비오)
	동의어 el vuelto (부엘또)
학교 소풍	la excursión (엑스꾸르씨온)
피크닉	el picnic (삐끄닉)
	동의어 la merienda campestre (메리엔다 깜뻬스뜨레)

영사관	el consulado (꼰쑬라도)
대사관	la embajada (엠바하다)
기념비	el monumento (모누멘또)
선물	el recuerdo (르레꾸에르도)
	동의어 el regalo (르레갈로)
휴일	el día festivo (디아 페스띠보)
성수기	la temporada alta (뗌뽀라다 알따)
비수기	la temporada baja (뗌뽀라다 바하)
여행하다	viajar (비아하르)
방문하다	visitar (비씨따르)
초대하다	invitar (인비따르)
보여 주다	mostrar (모스뜨라르)
즐기다	disfrutar (디스프루따르)
둘러보다	recorrer (르레꼬르레르)
예약하다	reservar (르레쎄르바르)

여행

취소하다	anular (아눌라르)
줄을 서다	hacer cola (아쎄르 꼴라)
찾다	encontrar (엔꼰뜨라르)
묵다	alojarse (알로하르쎄)
캠핑 가다	acampar (아깜빠르)
길을 잃다	perderse (뻬르데르쎄)
발견하다	encontrar (엔꼰뜨라르)
기입하다	rellenar (르레예나르)

28 기념일

공휴일	el feriado (페리아도)
연휴	el puente (뿌엔떼)
새해	el Año Nuevo (아뇨 누에보)
밸런타인데이	el Día de los Enamorados (디아 데 로스 에나모라도스)
	동의어 el Día de San Valentín (디아 데 산 발렌띤)
독립기념일	el Día de la Independencia (디아 데 라 인데뺀덴씨아)
어머니날	el Día de la Madre (디아 데 라 마드레)
아버지날	el Día del Padre (디아 델 빠드레)
어린이날	el Día de los Niños (디아 데 로스 니뇨스)
부활절	el Día de Resurrección (디아 데 르레쑤렉씨온)

노동절	el Día del Trabajo (디아 델 뜨라바호)
추수감사절	el Día de Acción de Gracias (디아 데 악씨온 데 그라씨아스)
크리스마스이브	la Nochebuena (노체부에나)
크리스마스	la Navidad (나비닫)
12월 31일	la Nochevieja (노체비에하)
동방박사의 날	el Día de los Reyes Magos (디아 데 로스 ㄹ레예스 마고스)
쉬다	descansar (데스깐싸르)
모이다	reunirse (ㄹ레우니르쎄)
축하하다	festejar (페스떼하르)
선물하다	regalar (ㄹ레갈라르)
인사하다	saludar (살루다르)

04 교통/통신/생활

- 29. 교통수단
- 30. 도로·방향
- 31. 전화·우편
- 32. 컴퓨터
- 33. 문구·사무용품
- 34. 시설물

29 교통수단

자동차	el coche (꼬체)
	동의어 el carro (까로)
버스	el autobús (아우또부스)
	동의어 el camión (까미온)
트럭	el camión (까미온)
택시	el taxi (딱씨)
기차	el tren (뜨렌)
식당차	el coche-comedor (꼬체 꼬메도르)
침대차	el coche-cama (꼬체 까마)
지하철	el metro (메뜨로)
비행기	el avión (아비온)
헬리콥터	el helicóptero (엘리꼽떼로)

배	el barco (바르꼬)
요트	el yate (야떼)
자전거	la bicicleta (비씨끌레따)
오토바이	la motocicleta (모또씨끌레따)
면허증	el carnet de conducir (까르네 데 꼰두씨르)
주유소	la gasolinera (가솔리네라)
휘발유	la gasolina (가솔리나)
트렁크	el maletero (말레떼로)
번호판	la placa (쁠라까)
액셀러레이터	el acelerador (아쎌레라도르)
브레이크	el freno (프레노)
타이어	la llanta (얀따)

cf. 펑크 난 타이어
 la llanta pinchada (얀따 삔차다)

핸들	el volante (볼란떼)

교통수단

안전벨트	el cinturón de seguridad (신뚜론 데 쎄구리닫)
헤드라이트	la luz del coche (루쓰 델 꼬체)
견인차	la grúa (그루아)
정비소	el taller mecánico (따예르 메까니꼬)
주차	el aparcamiento (아빠르까미엔또)
	동의어 el estacionamiento (에스따시오나미엔또)
관제탑	la torre de control (또르레 데 꼰뜨롤)
교통체증	el atasco (아따스꼬)
병목현상	el embotellamiento de tráfico (엠보떼야미엔또 데 뜨라피꼬)
러시아워	la hora punta (오라 뿐따)
	cf. 절정기 la hora pico (오라 삐꼬)
운전하다	conducir (꼰두씨르)
	동의어 manejar (마네하르)

시동 걸다	arrancar (아르랑**까**르)
브레이크 걸다	frenar (프레**나**르)
멈추다	parar (빠**라**르)
속력을 내다	acelerar (아쎌레**라**르)
주차하다	aparcar (아빠르**까**르)
	동의어 estacionar (에스따씨오**나**르)
날다	volar (볼**라**르)
착륙하다	aterrizar (아떼르리**싸**르)
이륙하다	despegar (데스뻬**가**르)
승선하다	embarcarse (엠바르**까**르쎄)
항해하다	navegar (나베**가**르)
연착하다	retrasar (르레뜨라**싸**르)

교통수단

30 도로 · 방향

거리	la calle (까예)
가로수대로	la avenida (아베니다)
차로	la carretera (까르레떼라)
터널	el túnel (뚜넬)
인도/보도	la acera (아쎄라)
횡단보도	el crucero peatonal (끄루쎄로 뻬아또날)
육교	el paso aéreo (빠소 아에레오)
지하도	el paso subterráneo (빠쏘 쑵떼르라네오)
활주로	la pista de aterrizaje (삐스따 데 아떼르리싸헤)
로터리	la glorieta (글로리에따)
	동의어 la rotonda (르로똔다)
사거리	la intersección (인떼르쎅씨온)

가로등	el farol (파롤)
신호등	el semáforo (쎄마포로)
적색불	la luz roja (루쓰 ㄹ로하)
황색불	la luz amarilla (루쓰 아마리야)
녹색불	la luz verde (루쓰 베르데)
모퉁이	la esquina (에스끼나)
	cf. 구석 el rincón (ㄹ링꼰)
지름길	el camino corto (까미노 꼬르또)
	동의어 el atajo (아따호)
일방통행	la dirección única (디렉씨온 우니까)
톨게이트	la caseta de cobro (까쎄따 데 꼬브로)
엘리베이터	el ascensor (아쎈쏘르)
에스컬레이터	la escalera automática (에스깔레라 아우또마띠까)
동	el este (에스떼)

도로 · 방향

서	el oeste (오에스떼)
남	el sur (수르)
북	el norte (노르떼)
교통표지	la señal de tráfico (세냘 데 뜨라피꼬)
	cf. 정지 alto (알또), 진행 siga (씨가)
통학구역	la zona escolar (쏘나 에스꼴라르)
가로지르다	atravesar (아뜨라베싸르)
건너다	cruzar (끄루싸르)
나아가다	adelantar (아델란따르)
돌다	girar (히라르)
	동의어 doblar (도블라르), torcer (또르쎄르)
부딪히다	chocar (초까르)
운반하다	transportar (뜨란스뽀르따르)

SECTION 4

31 전화 · 우편

편지	la carta (까르따)
편지봉투	el sobre (쏘브레)
엽서	la tarjeta postal (따르헤따 뽀스딸)
우표	el sello (쎄요)
	동의어 la estampilla (에스땀뻬야)
우체통	el buzón (부쏜)
전보	el telegrama (뗄레그라마)
소포	el paquete (빠께떼)
우편번호	el código postal (꼬디고 뽀스딸)
선박우편	el correo marítimo (꼬르레오 마리띠모)
항공우편	el correo aéreo (꼬르레오 아에레오)
등기우편	el correo registrado (꼬르레오 르레히스뜨라도)

143

속달우편	el expreso (엑스쁘레소)
성명	el nombre (놈브레)
주소	la dirección (디렉씨온)
사서함	el apartado postal (아빠르따도 뽀스딸)
전화번호	el número de teléfono (누메로 데 뗄레포노)
전화번호부	la guía telefónica (기아 뗄레포니까)
전화기	el teléfono (뗄레포노)
수화기	el auricular (아우리꿀라르)
다이얼	los botones para marcar (보또네스 빠라 마르까르)
공중전화	el teléfono público (뗄레포노 뿌블리꼬)
전화박스	la cabina telefónica (까비나 뗄레포니까)
전화카드	la tarjeta de teléfono (따르헤따 데 뗄레포노)
핸드폰	el celular (쎌룰라르)
시외전화	la llamada de larga distancia (야마다 데 라르가 디스딴시아)

국제전화	la llamada de larga distancia internacional (야마다 데 라르가 디스딴시아 인떼르나씨오날)
콜렉트콜	la llamada a cobro revertido (야마다 아 꼬브로 르레베르띠도)
교환수	la operadora (오뻬라도라)
문자메시지	el mensaje de texto (멘싸헤 데 떽스또)
음성메시지	el mensaje oral (멘싸헤 오랄)
보내다	mandar (만다르)
	동의어 enviar (엔비아르)
받다	recibir (르레씨비르)
전화하다	llamar por teléfono (야마르 뽀르 뗄레포노)
다이얼을 누르다	marcar (마르까르)
전화가 울리다	sonar (쏘나르)
전화를 끊다	colgar (꼴가르)

전화·우편

SECTION 4

32 컴퓨터

한국어	스페인어
컴퓨터	la computadora (꼼뿌따도라)
	동의어 el ordenador (오르데나도르)
노트북컴퓨터	la computadora portátil (꼼뿌따도라 뽀르따띨)
키보드	el teclado (떼끌라도)
모니터	el monitor (모니또르)
스크린	la pantalla (빤따야)
마우스	el ratón (르라똔)
프린터	el impresor (임쁘레쏘르)
레이저프린터	el impresor láser (임쁘레쏘르 라쎄르)
스피커	el altavoz (알따보스)
	cf. 마이크 el micrófono (미끄로포노)
메인보드	el tablero principal (따블레로 쁘린씨빨)

146

모뎀	el modem (모뎀)
하드웨어	el hardware (하드웨어)
소프트웨어	el software (소프트웨어)
사운드카드	la tarjeta de sonido (따르헤따 데 쏘니도)
메모리	la memoria (메모리아)
콤팩트디스크(CD)	el disco compacto (디스꼬 꼼빡또)
프로그램	el programa (쁘로그라마)
시스템	el sistema (씨스떼마)
드라이브	la disquetera (디스께떼라)
채팅하다	charlar (차를라르)
인터넷을 하다	navegar en Internet (나베가르 엔 인떼르넷)

동의어 usar Internet (우싸르 인떼르넷)

컴퓨터

문구 · 사무용품

칠판	la pizarra (삐싸르라)
분필	la tiza (띠싸)
교재	el texto (떽스또)
노트	el cuaderno (꽈데르노)
다이어리	la agenda (아헨다)
일기장	el diario (디아리오)
필통	el estuche (에스뚜체)
	동의어 la cartuchera (까르뚜체라)
잉크	la tinta (띤따)
만년필	la pluma (쁠루마)
	cf. 깃털 la pluma (쁠루마)에서 기원
연필	el lápiz (라삐쓰)

볼펜	el bolígrafo (볼리그라포)
	동의어 el lapicero (라삐쎄로)
색연필	el lápiz de color (라삐쓰 데 꼴로르)
샤프연필	el portaminas (뽀르따미나스)
형광펜	el resaltador (ㄹ레살따도르)
연필깎이	el sacapuntas (사까뿐따스)
지우개	el borrador (보르라도르)
종이	el papel (빠뻴)
색종이	el papel de colores (빠뻴 데 꼴로레스)
스티커	la calcomanía (깔꼬마니아)
자	la regla (ㄹ레글라)
가위	la tijera (띠헤라)
접착제	el adhesivo (아드에씨보)
풀	el pegamento (뻬가멘또)
	동의어 la goma (고마), la plasticola (쁠라스띠꼴라)

문구·사무용품

한국어	스페인어
컴퍼스	el compás (꼼빠스)
크레용	la crayola (끄라욜라)
물감	la pintura (삔뚜라)
팔레트	la paleta (빨레따)
붓	el pincel (삔쎌)
스케치북	el cuaderno de bocetos (꾸아데르노 데 보쎄또스)
스카치테이프	la cinta adhesiva (씬따 아드에씨바)
스테플러	la grapadora (그라빠도라)
계산기	la calculadora (깔꿀라도라)
수정액	el corrector (꼬르렉또르)
수정테이프	el corrector de cinta (꼬르렉또르 데 씬따)
복사	la fotocopia (포또꼬삐아)
복사기	la fotocopiadora (포또꼬삐아도라)
바인더	la carpeta (까르뻬따)

타이프라이터	la máquina de escribir (**마**끼나 데 에스끄리**비**르)
폴더	la carpeta (까르**뻬**따)
파일	el archivo (아르치보)
글을 쓰다	escribir (에스끄리**비**르)
그림을 그리다	pintar (뻰**따**르)
지우다	borrar (보ㄹ라르)
자르다	cortar (꼬르**따**르)
계산하다	calcular (깔꿀라르)
복사하다	fotocopiar (포또꼬삐아르)

문구・사무용품

시설물

학교	la escuela (에스꾸엘라)
유아원	el jardín de niños (하르딘 데 니뇨스)
대학교	la universidad (우니베르씨닫)
기숙사	el dormitorio (도르미또리오)
경찰서	la comisaría (꼬미사리아)
우체국	la oficina de correos (오피씨나 데 꼬르레오스)
소방서	la estación de bomberos (에스따씨온 데 봄베로스)
시청	el Ayuntamiento (아윤따미엔또)
영사관	el consulado (꼰술라도)
대사관	la embajada (엠바하다)
도서관	la biblioteca (비블리오떼까)

미술관	el museo (무쎄오)
체육관	el gimnasio (힘나씨오)
	cf. 체조 la gimnasia (힘나씨아)
영화관	el cine (씨네)
멀티플렉스	el multicine (물띠씨네)
극장	el teatro (떼아뜨로)
수영장	la piscina (삐씨나)
	동의어 la alberca (알베르까)
나이트클럽	la discoteca (디스꼬떼까)
호텔	el hotel (오뗄)
여관	la posada (뽀싸다)
공원	el parque (빠르께)
교회	la iglesia (이글레씨아)
성당	el templo (뗌쁠로)
대성당	la catedral (까떼드랄)

시설물

궁전	el palacio (빨라씨오)
성	el castillo (까스띠요)
요새	el alcázar (알까싸르)
미용실	la peluquería (뻴루께리아)
	동의어 el salón de belleza (쌀론 데 베예싸)
화장품 가게	la perfumería (뻬르푸메리아)
빨래방	la lavandería (라반데리아)
드라이클리닝 세탁소	la tintorería (띤또레리아)
문방구	la papelería (빠뻴레리아)
금은방	la joyería (호예리아)
정육점	la carnicería (까르니쎄리아)
서점	la librería (리브레리아)
빵집	la panadería (빠나데리아)
레스토랑	el restaurante (ㄹ레스따우란떼)
커피숍	la cafetería (까페떼리아)

동물원	el zoológico (쏘올로히꼬)	
식물원	el jardín botánico (하르딘 보따니꼬)	
놀이동산	el parque de atracciones (빠르께 데 아뜨락씨오네스)	
공항	el aeropuerto (아에로뿌에르또)	
터미널	la terminal (떼르미날)	
면세점	la tienda libre de impuestos (띠엔다 리브레 데 임뿌에스또스)	
역	la estación (에스따씨온)	
항구	el puerto (뿌에르또)	
신문 가판대	el quiosco (끼오스꼬)	
	cf. 담배, 우표가게 el estanco (에스땅꼬)	
가게	la tienda (띠엔다)	
슈퍼마켓	el supermercado (수뻬르메르까도)	
장	la feria (페리아)	
시장	el mercado (메르까도)	

시설물

몰	la plaza (쁠라싸)
개인병원	la clínica (끌리니까)
종합병원	el hospital (오스삐딸)
약국	la farmacia (파르마씨아)
고층건물	el rascacielos (ㄹ라스까씨엘로스)
인구를 구성하다	poblar (뽀블라르)
거주하다	residir (ㄹ레씨디르)
개업하다	inaugurar (인아우구라르)
폐업하다	cerrar (쎄ㄹ라르)
이용하다	usar (우싸르)
들어가다	entrar (엔뜨라르)
나가다	salir (살리르)

05 국가/정치/경제

35. 국가·국적
36. 정치
37. 사법
38. 언론
39. 경제
40. 금융

35 국가 · 국적

한국	Corea (꼬레아)
한국인	el/la coreano/a (꼬레아노/나)
중국	China (치나)
중국인	el/la chino/a (치노/나)
일본	Japón (하뽄)
일본인	el/la japonés/japonesa (하뽀네스/하뽀네싸)
미국	los Estados Unidos (에스따도스 우니도스)
미국인	el/la estadounidense (에스따도우니덴쎄)
캐나다	Canadá (까나다)
캐나다인	el/la canadiense (까나디엔쎄)
멕시코	México (메히꼬)
멕시코인	el/la mexicano/a (메히까노/나)

칠레	Chile (칠레)
칠레인	el/la chileno/a (칠레노/나)
페루	Perú (뻬루)
페루인	el/la peruano/a (뻬루아노/나)
아르헨티나	Argentina (아르헨띠나)
아르헨티나인	el/la argentino/a (아르헨띠노/나)
브라질	Brasil (브라실)
브라질인	el/la brasileño/a (브라실레뇨/냐)
영국	Inglaterra (잉글라떼라)
영국인	el/la inglés/inglesa (잉글레쓰/잉글레싸)
독일	Alemania (알레마니아)
독일인	el/la alemán/alemana (알레만/알레마나)
프랑스	Francia (프란씨아)
프랑스인	el/la francés/francesa (프란쎄스/프란쎄싸)
이태리	Italia (이딸리아)

국가 · 국적

이태리인	el/la italiano/a (이딸리아노/나)
스페인	España (에스빠냐)
스페인인	el/la español/española (에스빠뇰/에스빠뇰라)
스위스	Suiza (수이싸)
스위스인	el/la suizo/a (수이쏘/싸)
스웨덴	Suecia (수에씨아)
스웨덴인	el/la sueco/a (수에꼬/까)
그리스	Grecia (그레씨아)
그리스인	el/la griego/a (그리에고/가)
이집트	Egipto (에힙또)
이집트인	el/la egipcio/a (에힙씨오/아)
모로코	Marruecos (마르루에꼬스)
모로코인	el/la marroquí (마르로끼)
호주	Australia (아우스뜨랄리아)
호주인	el/la australiano/a (아우스뜨랄리아노/나)
~출신이다	ser de (쎄르 데)

36 정치

국가(행정)	el país (빠이스)
국가(민족)	la nación (나씨온)
조국	la patria (빠뜨리아)
영토	el territorio (떼르리또리오)
국기	la bandera nacional (반데라 나씨오날)
국가(國歌)	el himno nacional (임노 나씨오날)
국민	el ciudadano (씨우다다노)
정치	la política (뽈리띠까)
정부	el gobierno (고비에르노)
왕조	el reino (ㄹ레이노)
제국	el imperio (임뻬리오)
공화국	la república (ㄹ레뿌블리까)

독재	la dictadura (딕따두라)
민주주의	la democracia (데모끄라씨아)
자본주의	el capitalismo (까삐딸리스모)
공산주의	el comunismo (꼬무니스모)
행정부	el poder ejecutivo (뽀데르 에헤꾸띠보)
예산	el presupuesto (쁘레수뿌에스또)
사법부	el poder judicial (뽀데르 후디씨알)
헌법	la constitución (꼰스띠뚜씨온)
법률	la ley (레이)
입법부	el poder legislativo (뽀데르 레히슬라띠보)
정당	el partido (빠르띠도)
여당	el partido gubernamental (빠르띠도 구베르나멘딸)
야당	el partido oposicional (빠르띠도 오뽀시씨오날)
의회	la asamblea (아쌈블레아)
선거	la elección (엘렉씨온)

투표	el voto (보또)	
투표함	la urna (우르나)	
선거인단	los electores (엘렉또레스)	
선거캠페인	la campaña electoral (깜빠냐 엘렉또랄)	
치외법권	la extraterritorialidad (엑스뜨라떼르리또리알리닫)	
합의	el acuerdo (아꾸에르도)	
협정	el pacto (빡또)	
의정서	el protocolo (쁘로또꼴로)	
국제연합	O.N.U (오에네우) *cf.* Organización de las Naciones Unidas	
투표하다	votar (보따르)	
선출하다	elegir (엘레히르)	
부탁하다	pedir (뻬디르)	
지배하다	gobernar (고베르나르)	
참여하다	participar (빠르띠씨빠르)	

정치

SECTION 5 — 37 사법

법정	el tribunal (뜨리부날)
판사	el juez (후에쓰)
변호사	el abogado (아보가도)
검사	el fiscal (피스깔)
피고	el acusado (아꾸싸도)
원고	el demandante (데만단떼)
증인	el testigo (떼스띠고)
배심원	el jurado (후라도)
형사	el agente (아헨떼)
탐정	el detective (데떽띠베)
경찰	el policía (뽈리씨아)
	동의어 el guardia civil (과르디아 씨빌)

도둑	el ladrón	(라드론)
스파이	el espía	(에스**삐**아)
범죄자	el criminal	(끄리미**날**)
살인자	el asesino	(아쎄**씨**노)
정치범	el preso político	(쁘**레**쏘 뽈리**띠**꼬)
혐의자	el sospechoso	(쏘스뻬**초**쏘)
희생자	la víctima	(**빅**띠마)
인질	el rehén	(ㄹ레**엔**)
공격	el ataque	(아**따**께)
권총	la pistola	(삐스**똘**라)
수갑	las esposas	(에스**뽀**싸스)
지문	las huellas digitales	(우**에**야스 디히**딸**레스)
심문	la interrogación	(인떼ㄹ로가씨**온**)
증거	la prueba	(쁘루**에**바)
실형	la condena	(꼰**데**나)

사법

벌금	la multa (물따)
무기징역	la condena perpetua (꼰데나 뻬르뻬뚜아)
사형	la pena capital (뻬나 까삐딸)
	동의어 la pena de muerte (뻬나 데 무에르떼)
전과	los antecedentes penales (안떼쎄덴떼스 뻬날레스)
감옥	la cárcel (까르쎌)
범죄	el delito (델리또)
살인	el crimen (끄리멘)
종교적·도덕적인 죄	el pecado (뻬까도)
위증	el perjurio (뻬르후리오)
강간	la violación (비올라씨온)
협박	el chantaje (찬따헤)
위조	la falsificación de moneda (팔씨피까씨온 데 모네다)
유괴	el secuestro (세꾸에스뜨로)

속임수	el fraude (프라우데)
과실치사	el homicidio involuntario (오미씨디오 인볼룬따리오)
알리바이	la coartada (꼬아르따다)
인권	el derecho del hombre (데레초 델 옴브레)
체포하다	capturar (깝뚜라르)
죽이다	matar (마따르)
자살하다	suicidarse (수이씨다르쎄)
살인하다	asesinar (아쎄씨나르)
총을 쏘다	disparar (디스빠라르)
범죄를 저지르다	cometer un delito (꼬메떼르 운 델리또)
위협하다	amenazar (아메나싸르)
공격하다	atacar (아따까르)
방어하다	defender (데펜데르)
구조하다	rescatar (르레스까따르)

사법

유괴하다	secuestrar (세꾸에스뜨라르)
훔치다	robar (르로바르)
기소하다	acusar (아꾸싸르)
재판하다	juzgar (후스가르)
복역하다	cumplir cadena perpetua (꿈쁠리르 까데나 뻬르뻬뚜아)
조사하다	investigar (인베스띠가르)
속이다	engañar (엔가냐르)
거짓말하다	mentir (멘띠르)
숨다	esconder (에스꼰데르)
용서하다	perdonar (뻬르도나르)

38 언론

언론	la prensa (쁘렌싸)
저널리즘	el periodismo (뻬리오디스모)
신문	el periódico (뻬리오디꼬)
사설	el editorial (에디또리알)
기사	el artículo (아르띠꿀로)
페이지	la página (빠히나)
부수	la tirada (띠라다)
편집	la redacción (르레닥씨온)
정보	la información (인포르마씨온)
뉴스	las noticias (노띠씨아스)
인터뷰	la entrevista (엔뜨레비스따)
기사란	la columna (꼴룸나)

169

특파원	el corresponsal (꼬르레스뽄쌀)
신문기자	el periodista (뻬리오디스따)
칼럼니스트	el columnista (꼴룸니스따)
잡지	la revista (르레비스따)
일간지	el diario (디아리오)
주간지	el semanario (세마나리오)
월간지	la revista mensual (르레비스따 멘쑤알)
구독	la suscripción (수스끄립씨온)
광고	el anuncio (아눈씨오)
앵커	el locutor (로꾸또르)
일기예보	el reporte del tiempo (르레뽀르떼 델 띠엠뽀)
기상캐스터	el metereólogo (메떼레올로고)
매스미디어	los medios de comunicación (메디오스 데 꼬무니까씨온)
교정하다	corregir (꼬르레히르)

요약하다	resumir (르레수미르)
구독하다	suscribirse (수스끄리비르쎄)
정보를 주다	informar (인포르마르)
인터뷰하다	entrevistar (엔뜨레비스따르)
알리다	avisar (아비싸르)
공고하다	anunciar (아눈씨아르)
인쇄하다	imprimir (임쁘리미르)
출판하다	publicar (뿌블리까르)
방송하다	transmitir (뜨란스미띠르)
영향을 미치다	influir (인플루이르)

SECTION 5

39 경제

경제	la economía (에꼬노미아)
산업	la industria (인두스뜨리아)
공장	la fábrica (파브리까)
제조	la fabricación (파브리까씨온)
수입	la importación (임뽀르따씨온)
수출	la exportación (엑스뽀르따씨온)
상품	el producto (쁘로둑또)
무역	el comercio (꼬메르씨오)
물품	la mercancía (메르깐씨아)
판매	la venta (벤따)
구매	la compra (꼼쁘라)
이익	los beneficios (베네피씨오스)

상표	la marca (마르까)
가격	el precio (쁘레씨오)
샘플	la muestra (무에스뜨라)
카탈로그	el catálogo (까딸로고)
계약	el contrato (꼰뜨라또)
송장	la factura (팍뚜라)
서명	la firma (피르마)
보험	la insurancia (인수란씨아)
회계	la contabilidad (꼰따빌리닫)
회사	la empresa (엠쁘레싸)
	동의어 la compañía (꼼빠니아)
상사	el jefe (헤페)
매니저	el/la gerente (헤렌떼)
바이어	el comprador (꼼쁘라도르)
부서	el departamento (데빠르따멘또)

지점	la sucursal (수꾸르쌀)
기업주	el/la empresario/a (엠쁘레싸리오/아)
노동력	mano de obra (마노 데 오브라)
파트너십	la asociación (아쏘씨아씨온)
수요	la demanda (데만다)
공급	la oferta (오페르따)
파산	la quiebra (끼에브라)
위기	la crisis (끄리씨스)
세금	el impuesto (임뿌에스또)
독점	el monopolio (모노뽈리오)
예산	el presupuesto (쁘레수뿌에스또)
삶의 질	el nivel de vida (니벨 데 비다)
인플레이션	la inflación (인플라씨온)
국제통화기금(IMF)	FMI (에페에메이)
	cf. Fondo Monetario Internacional

투자하다	invertir (인베르띠르)
감독하다	dirigir (디리히르)
기금을 조성하다	fundir (푼디르)
수입하다	importar (임뽀르따르)
수출하다	exportar (엑스뽀르따르)
획득하다	ganar (가나르)
소비하다	consumir (꼰수미르)
무역하다	comerciar (꼬메르씨아르)
생산하다	producir (쁘로두씨르)
조립하다	montar (몬따르)

경제

40 금융

은행	el banco (방꼬)
통장	la cartilla de ahorros (까르띠야 데 아오르로스)
계좌	la cuenta (꾸엔따)
저축 계좌	la cuenta de ahorros (꾸엔따 데 아오르로스)
당좌 계좌	la cuenta corriente (꾸엔따 꼬르리엔떼)
예금	el depósito (데뽀씨또)
대출	el crédito (끄레디또)
부채	la deuda (데우다)
저축	el ahorro (아오르로)
이체	la transferencia (뜨란스페렌씨아)
수표	el cheque (체께)
자기앞 수표	el cheque al portador (체께 알 뽀르따도르)

여행자 수표	el cheque de viajero (체께 데 비아헤로)
부도 수표	el cheque denegado (체께 데네가도)
자금	el capital (까삐딸)
	cf. 수도 la capital (까삐딸)
대여(금)	el préstamo (쁘레스따모)
담보	la hipoteca (이뽀떼까)
빚	la deuda (데우다)
기금	el fondo (폰도)
수입	el cobro (꼬브로)
	동의어 las ganancias (가난씨아스)
지출	el pago (빠고)
	동의어 los gastos (가스또스)
이자	el interés (인떼레스)
창구	la ventanilla (벤따니야)
	동의어 la caja (까하)

창구원	el cajero (까헤로)
자동 입출금 장치	el cajero automático (까헤로 아우또마띠꼬)
투자	la inversión (인베르씨온)
주식 중개	la bolsa (볼싸)
배당	la acción (악씨온)
대출 일자	el plazo (쁠라쏘)
금고	la caja fuerte (까하 푸에르떼)
돈	el dinero (디네로)
지폐	el billete (비예떼)
동전	la moneda (모네다)
외화	la divisa (디비싸)
급여	la remuneración (ㄹ레무네라씨온)
환율	el tipo de cambio (띠뽀 데 깜비오)
수수료	la comisión (꼬미씨온)
비밀번호	la clave (끌라베)

저축하다	ahorrar (아오ㄹ라르)
예금하다	depositar (데뽀씨따르)
입금하다	abonar (아보나르)
출금하다	retirar (ㄹ레띠라르)
빌려주다	prestar (쁘레스따르)
횡령하다	usurpar (우쑤르빠르)
파산하다	hacer bancarrota (아쎄르 방까ㄹ로따)
가치가 있다	valer (발레르)
임금을 주다	remunerar (ㄹ레무네라르)

06 시간/자연

- 41. 시간·때
- 42. 날씨·기후
- 43. 동물
- 44. 식물
- 45. 자연·지리

SECTION 6

41 시간 · 때

월요일	el lunes (루네스)
화요일	el martes (마르떼스)
수요일	el miércoles (미에르꼴레스)
목요일	el jueves (후에베스)
금요일	el viernes (비에르네스)
토요일	el sábado (싸바도)
일요일	el domingo (도밍고)
1월	enero (에네로)
2월	febrero (페브레로)
3월	marzo (마르쏘)
4월	abril (아브릴)
5월	mayo (마요)

6월	junio (후니오)
7월	julio (훌리오)
8월	agosto (아고스또)
9월	septiembre (셉띠엠브레)
10월	octubre (옥뚜브레)
11월	noviembre (노비엠브레)
12월	diciembre (디씨엠브레)
계절	la estación (에스따씨온)
사계	las cuatro estaciones del año (꽈뜨로 에스따씨오네스 델 아뇨)
봄	la primavera (쁘리마베라)
여름	el verano (베라노)
가을	el otoño (오또뇨)
겨울	el invierno (인비에르노)
설	el Año Nuevo (아뇨 누에보)

추석	el Día de la Cosecha (디아 데 라 꼬세차)
	동의어 el Día de Acción de Gracias (디아 데 악씨온 데 그라씨아스)
월식	el eclipse lunar (에끌립쎄 루나르)
때/시	el tiempo (띠엠뽀)
순간	el momento (모멘또)
시간	la hora (오라)
분	el minuto (미누또)
초	el segundo (쎄군도)
날	el día (디아)
주	la semana (쎄마나)
달	el mes (메스)
년	el año (아뇨)
세기	el siglo (씨글로)
날짜	la fecha (페차)

오늘	hoy (오이)	
어제	ayer (아예르)	
그저께	anteayer (안떼아예르)	
내일	mañana (마냐나)	
모레	el pasado mañana (빠싸도 마냐나)	
오전	la mañana (마냐나)	
오후	la tarde (따르데)	
밤	la noche (노체)	
새벽	la madrugada (마드루가다)	
정오	el mediodía (메디오디아)	
자정	la medianoche (메디아노체)	
주중	el entresemana (엔뜨레쎄마나)	
주말	los fines de semana (피네스 데 세마나)	
현재	el presente (쁘레쎈떼)	
과거	el pasado (빠사도)	

시간 · 때

미래	el futuro (푸뚜로)
매일	todos los días (또도스 로스 디아스)
최근	lo reciente (로 르레씨엔떼)
최초	lo primero (로 쁘리메로)
최후	lo último (로 울띠모)
시간을 보내다	pasar (빠싸르)
늦어지다	tardar (따르다르)
지속되다	durar (두라르)
시작하다	iniciar (이니씨아르)
	동의어 empezar (엠뻬싸르)
끝내다	terminar (떼르미나르)

42. 날씨 · 기후

기후	el clima (끌리마)
날씨	el tiempo (띠엠뽀)
일기예보	el pronóstico del tiempo (쁘로노스띠꼬 델 띠엠뽀)
해	el sol (솔)
달	la luna (루나)
별	la estrella (에스뜨레야)
구름	la nube (누베)
비	la lluvia (유비아)
눈	la nieve (니에베)
우박	el granizo (그라니쏘)
서리	la escarcha (에스까르차)

안개	la niebla (니에블라)
이슬	el rocío (르로씨오)
공기	el aire (아이레)
폭풍	la tormenta (또르멘따)
	동의어 el huracán (우라깐)
천둥	el trueno (뜨루에노)
번개	el relámpago (르렐람빠고)
광선	el rayo (르라요)
비가 내리다	llover (요베르)
눈이 내리다	nevar (네바르)
홍수가 나다	inundar (이눈다르)
(날씨가) 개다	despejarse (데스뻬하르세)
(날씨가) 춥다	hacer frío (아쎄르 프리오)
(날씨가) 덥다	hacer calor (아쎄르 깔로르)

43 동물

동물	el animal (아니말)
짐승	la bestia (베스띠아)
가축	el animal domesticado (아니말 도메스띠까도)
	동의어 el animal doméstico (아니말 도메스띠꼬)
야생동물	el animal salvaje (아니말 살바헤)
애완동물	la mascota (마스꼬따)
호랑이	el tigre (띠그레)
사자	el león (레온)
곰	el oso (오쏘)
표범	el leopardo (레오빠르도)
늑대	el lobo (로보)
여우	el zorro (쏘르로)

개	el perro (뻬르로)
강아지	el cachorro (까초르로)
고양이	el gato (가또)
쥐	el ratón (르라똔)
다람쥐	la ardilla (아르디야)
암탉	la gallina (가이나)
수탉	el gallo (가요)
암소	la vaca (바까)
황소	el toro (또로)
송아지	el novillo (노비요)
암말	la yegua (예구아)
수말	el caballo (까바요)
노새	el mulo (물로)
당나귀	el asno (아스노)
	동의어 el burro (부르로)

얼룩말	la cebra (쎄브라)
유니콘	el unicornio (우니꼬르니오)
돼지	el puerco (뿌에르꼬)
	동의어 el cerdo (쎄르도), el cochino (꼬치노)
염소	la cabra (까브라)
양	la oveja (오베하)
멧돼지	el jabalí (하발리)
낙타	el camello (까메요)
원숭이	el mono (모노)
사슴	el ciervo (씨에르보)
하마	el hipopótamo (이뽀뽀따모)
기린	la jirafa (히라파)
코뿔소	el rinoceronte (르리노쎄론떼)
코끼리	el elefante (엘레판떼)
집토끼	el conejo (꼬네호)

동물

산토끼	el liebre	(리에브레)
고슴도치	el erizo	(에리쏘)
개구리	la rana	(르라나)
올챙이	el renacuajo	(르레나꽈호)
두꺼비	el sapo	(싸뽀)
거북이	la tortuga	(또르뚜가)
도마뱀	el lagarto	(라가르또)
살모사	la víbora	(비보라)
악어	el cocodrilo	(꼬꼬드릴로)
뱀	la serpiente	(쎄르삐엔떼)
	동의어 la culebra	(꿀레브라)
용	el dragón	(드라곤)
캥거루	el canguro	(깡구로)
코알라	el koala	(꼬알라)
고래	la ballena	(바예나)

돌고래	el delfín (델핀)
상어	el tiburón (띠부론)
북극곰	el oso polar (오쏘 뽈라르)
물개	la foca (포까)
펭귄	el pingüino (삥궈노)
새	el pájaro (빠하로)
매	el alcón (알꼰)
독수리	el águila (아길라)
황새	la cigüeña (씨구에냐)
까치	la urraca (우르라까)
비둘기	la paloma (빨로마)
까마귀	el cuervo (꾸에르보)
백조	el cisne (씨스네)
제비	la golondrina (골론드리나)
오리	el pato (빠또)

동물

거위	el ganso (간쏘)
앵무새	el loro (로로)
뻐꾸기	el cuco (꾸꼬)
부엉이	el búho (부오)
칠면조	el pavo (빠보)
갈매기	la gaviota (가비오따)
카나리아	el canario (까나리오)
박쥐	el murciélago (무르씨엘라고)
곤충	el insecto (인쎅또)
벌레	el bicho (비쵸)
파리	la mosca (모스까)
모기	el mosquito (모스끼또)
벼룩	la pulga (뿔가)
개미	la hormiga (오르미가)
잠자리	el caballito de diablo (까바이또 데 디아블로)

나비	la mariposa (마리뽀싸)
매미	la cigarra (씨가ㄹ라)
바퀴벌레	la cucaracha (꾸까라차)
지렁이	la lombris (롬브리스)
거미	la araña (아라냐)
벌	la abeja (아베하)
말벌	la avispa (아비스빠)
누에	el gusano de seda (구사노 데 쎄다)
귀뚜라미	el grillo (그리요)
나방	la larva (라르바)
꼬꼬댁	el kikiriki (끼끼리끼)
야옹	el miau (미아우)
멍멍	el guau guau (과우과우)
물다	morder (모르데르)
찌르다	picar (삐까르)

동물

쪼다	picotear (삐꼬떼아르)
먹이를 주다	dar de comer (다르 데 꼬메르)
	동의어 echar de comer (에차르 데 꼬메르)
짖다	ladrar (라드라르)
야옹하다	maullar (마우야르)
울부짖다	aullar (아우야르)
(말이) 달리다	galopar (갈로빠르)
둥지를 만들다	anidar (아니다르)
지저귀다	trinar (뜨리나르)
알을 품다	empollar (엠뽀야르)

44 식물

식물	la planta (쁠란따)
나무	el árbol (아르볼)
뿌리	la raíz (르라이쓰)
줄기	el tronco (뜨롱꼬)
잎	la hoja (오하)
씨	la semilla (쎄미야)
과실나무	el árbol frutal (아르볼 프루딸)
소나무	el pino (삐노)
대나무	el bambú (밤부)
삼나무	el cedro (쎄드로)
밤나무	el castaño (까스따뇨)
떡갈나무	el roble (ㄹ로블레)

호두나무	el nogal (노갈)
살구나무	el albaricoquero (알바리꼬께로)
포도넝쿨	la vid de uvas (빈 데 우바스)
아몬드나무	el almendro (알멘드로)
무화과나무	la higuera (이게라)
플라타너스	el plátano (쁠라따노)
꽃	la flor (플로르)
꽃잎	el pétalo (뻬딸로)
꽃가루	el polen (뽈렌)
장미	la rosa (ㄹ로싸)
백합	la azucena (아쑤쎄나)
클로버	el trebol (뜨레볼)
수선화	el narciso (나르씨쏘)
재스민	el jazmín (하스민)
들국화	la margarita (마르가리따)

카네이션	el clavel	(끌라벨)
해바라기	el girasol	(히라쏠)
풀	la hierba	(이에르바)
난	la orquide	(오르끼데)
잔디	el césped	(쎄스뼷)
곡식	los granos	(그라노스)
쌀	el arroz	(아ㄹ로쏘)
밀	el trigo	(뜨리고)
수확	la recolección	(ㄹ레꼴렉씨온)
파종	la siembra	(씨엠브라)
관개	la irrigación	(이ㄹ리가씨온)
비료	el abono	(아보노)
밭	el campo de cultivo	(깜뽀 데 꿀띠보)
농장	la granja	(그랑하)
	동의어 la finca	(핑까)

식물

과수원	la huerta (우에르따)
탈곡장	la era (에라)
휴경지	el barbecho (바르베쵸)
허수아비	el espantapájaros (에스빤따빠하로스)
씨를 뿌리다	sembrar (쎔브라르)
경작하다	cultivar (꿀띠바르)
파다	excavar (엑스까바르)
관개하다	regar (르레가르)
비료를 주다	plantar (쁠란따르)
수확하다	cosechar (꼬쎄차르)
탈곡하다	trillar (뜨리야르)

자연 · 지리

자연	la naturaleza (나뚜랄레싸)
환경	el medio ambiente (메디오 암비엔떼)
하늘	el cielo (씨엘로)
땅	la tierra (띠에ㄹ라)
산	la montaña (몬따냐)
바다	el mar (마르)
강	el río (ㄹ리오)
강변	la rivera (ㄹ리베라)
풍경	el paisaje (빠이싸헤)
호수	el lago (라고)
연못	el estanque (에스땅께)
샘	el manantial (마난띠알)

섬	la isla (이슬라)
반도	la península (뻬닌술라)
숲	el bosque (보스께)
바위	la roca (ㄹ로까)
평원	la llanura (야누라)
초원	la pradera (쁘라데라)
해안	la costa (꼬스따)
모래사장	la costa de arena (꼬스따 데 아레나)
밀물	la marea alta (마레아 알따)
썰물	la marea baja (마레아 바하)
논밭	el campo de cultivo (깜뽀 데 꿀띠보)
산맥	la sierra (씨에ㄹ라)
산골짜기	el valle (바예)
폭포	la cascada (까스까다)
화산	el volcán (볼깐)

용암	la lava (라바)
빙산	el témpano del hielo (뗌빠노 델 이엘로)
빙하	el helero (엘레로)
지하수	el agua subterránea (아구아 숩떼르라네아)
저녁노을	el arrebol (아르레볼)
산들바람	la brisa (브리싸)
무지개	el arco iris (아르꼬 이리스)
이끼	el musgo (무스고)
백야	la noche polar (노체 뽈라르)
지진	el terremoto (떼르레모또)
황사 현상	el polvo chino (뽈보 치노)
	동의어 el polvo amarillo (뽈보 아마리요)
회오리바람	el ciclón (씨끌론)
소용돌이	el remolino (르레몰리노)
눈사태	la avalancha (아발란차)

자연·지리

소음	el ruido (르루이도)
악취	el mal olor (말 올로르)
먼지	el polvo (뽈보)
연기	el humo (우모)
공해	la contaminación (꼰따미나씨온)
온실 효과	el efecto del invernadero (에펙또 델 인베르나데로)
산성비	la lluvia ácida (유비아 아씨다)
지구	la Tierra (띠에르라)
행성	el planeta (쁠라네따)
혜성	el cometa (꼬메따)
위성	el satélite (싸뗄리떼)
일출	la salida del sol (살리다 델 쏠)
일몰	la puesta del sol (뿌에스따 델 쏠)
우주	el Universo (우니베르소)

온도	la temperatura (뗌뻬라뚜라)
습도	la humedad (우메닫)
독가스	el gas tóxico (가스 똑씨꼬)
지평선	la horizona (오리쏘나)
사막	el desierto (데씨에르또)
북극	el polo norte (뽈로 노르떼)
남극	el polo sur (뽈로 수르)
북반구	el hemisferio boreal (에미스페리오 보레알)
남반구	el hemisferio austral (에미스페리오 아우스뜨랄)
유럽	Europa (에우로빠)
아시아	Asia (아씨아)
북아메리카	América del Norte (아메리까 델 노르떼)
남아메리카	América del Sur (아메리까 델 수르)
아프리카	Africa (아프리까)

자연 · 지리

호주	Australia (아우스뜨**랄**리아)
황무지	la tierra árida (띠에ㄹ라 **아**리다)
댐	la represa (ㄹ레쁘레**싸**)
국토	la tierra (띠에ㄹ라)
국경	la frontera (프론**떼**라)
수도	la capital (까삐**딸**)
보존하다	preservar (쁘레쎄르**바**르)
오염시키다	contaminar (꼰따미**나**르)
재활용하다	reciclar (ㄹ레씨끌**라**르)
정화하다	purificar (뿌리피**까**르)

찾아보기

ㄱ

1월	182
2월	182
3월	182
4월	182
4중주	106
5월	182
6월	183
7월	183
8월	183
9월	183
10월	183
11월	183
12월	183
12월 31일	134
가게	134
가격	173
가격표	129
가구	62
가구로 채우다	64
가꾸다	105
가라앉히다	50
가래	43
가로등	141
가로수대로	140
가로지르다	142
가르치다	101
가설	27
가수	20, 108
가스레인지	66
가슴	34
가습기	66
가열기	66
가위	149
가을	183
가장	17
가재	87
가정	12
가정하다	29
가족	12
가죽	59
가축	189
가치가 있다	179
간	37
간식	79
간식을 먹다	81
간염	41
간장	93
간호사	22, 46
간호하다	50
갈다	70
갈매기	194
갈비	86
갈비뼈	34
갈아 만든 주스	89
감각	27
감기	43
감기 걸리다	45
감독	20, 117, 120
감독하다	175
감동	28
감동시키다	31
감성	28
감옥	166
감자	84
감지하다	40
강	201
강간	166
강변	201
강아지	190
개	190
개구리	192
개다	188
개미	194
개봉	117

개봉하다	118	결말	117
개수대	72	결석	100
개업하다	156	결혼	14
개인병원	46, 156	결혼 여부	14
개학	99	결혼하다	15
거리	140	경리	23
거미	195	경마	121
거북이	192	경마장	123
거스름돈	130	경작하다	200
거실	52	경제	172
거울	72	경제학	103
거위	194	경찰	164
거주하다	156	경찰관	21
거즈	48	경찰서	152
거짓말하다	168	계란	88
거품제조기	69	계량	58
걱정하다	31	계산기	150
건강	41	계산서	129
건너다	142	계산하다	151
건조기	65	계약	173
건축가	20	계절	183
건축하다	54	계좌	176
건포도	82	고고학	102
걷다	124	고구마	84
걸다	61	고뇌	29
걸레	76	고등학교	96
걸작	113	고래	192
검사	20, 127, 164	고모	12
검열하다	118	고모부	12
검은색	112	고속도로	140
검지	34	고슴도치	192
검표	127	고양이	190
게	87	고용인	21
겨드랑이	36	고용주	22
겨울	183	고전	113
겨자	93	고추	84
견인차	138	고층건물	156
견학	99	고통	28

고통 받다	45	과자	92
고통을 겪다	30	과제	100
고혈압	42	과학자	19
곡식	199	관개	199
곤충	194	관개하다	200
골	120	관객	116
골동품	76	관광안내소	125
골절	43	관광안내원	125
골프	122	관자놀이	32
곰	189	관절염	42
곱슬머리	36	관제탑	138
공	77, 122	광고	170
공격	165	광대뼈	36
공격하다	167	광부	19
공고하다	171	광선	188
공급	174	광천수	89
공기	188	교사	19
공무원	21	교수	19
공부방	53	교실	98
공부하다	101	교육	96
공산주의	162	교육학	102
공원	153	교장	19
공장	172	교재	148
공주	24	교정하다	170
공중전화	144	교통체증	138
공포	29	교통표지	142
공학	98, 103	교환수	145
공항	155	교회	153
공해	204	구기 선수	122
공화국	161	구기 종목	121
공휴일	133	구독	170
과	97	구독하다	171
과거	185	구두	57
과목	99	구두공	25
과수원	200	구레나룻	37
과실나무	197	구름	187
과실치사	167	구매	172
과일	82	구석	141

구술시험	100	근무일	26
구조하다	167	근시	43
구토	44	글을 쓰다	151
국가	161	금	60
국경	206	금고	178
국기	161	금메달	120
국내여행	125	금요일	182
국민	161	금은방	154
국수	80	급여	178
국자	69	기계기술자	25
국제연합	163	기계를 멈추다	67
국제전화	145	기계를 작동시키다	67
국제통화기금	174	기관지염	42
국토	206	기금	177
국회의원	23	기금을 조성하다	175
군인	24	기념비	131
굴	88	기린	191
굽다	70	기말고사	100
궁전	154	기뻐하다	31
권총	165	기쁨	28
권투	121	기사	169
귀	33	기사란	169
귀걸이	60	기상캐스터	170
귀뚜라미	195	기소하다	168
그랜드피아노	107	기수	122
그램	92	기숙사	152
그레이프후르츠	83	기업주	174
그리다	112	기입하다	132
그리스	160	기자	22
그리스인	160	기절하다	45
그리워하다	30	기차	136
그릴에 굽다	71	기침	43
그림	110	기침하다	45
그림을 그리다	151	기타	108
그림틀	111	기혼자	14
그저께	185	기후	187
극본	115	긴소매	59
극장	153	길을 잃다	132

깁스 ······················· 48
까마귀 ····················· 193
까치 ······················ 193
깨 ························ 85
깨다 ···················· 40, 64
껌 ························ 92
껍질을 벗기다 ··············· 71
껴안다 ····················· 31
꼬꼬댁 ···················· 195
꼬치 ······················ 68
꼬치구이 ··················· 81
꽃 ······················· 198
꽃가루 ···················· 198
꽃병 ······················ 76
꽃잎 ····················· 198
꿀 ························ 92
끈 ························ 74
끓이다 ····················· 70
끝내다 ···················· 186

ㄴㄴㄴ **ㄴ** ㄴㄴㄴ

나가다 ···················· 156
나무 ····················· 197
나방 ····················· 195
나비 ····················· 195
나비넥타이 ·················· 57
나사 ······················ 74
나아가다 ··················· 142
나이트클럽 ················· 153
나이프 ····················· 68
나일론 ····················· 59
낙지 ······················ 88
낙타 ····················· 191
낚시 ····················· 122
난 ······················· 199
난방 ······················ 66
날 ······················· 184

날다 ····················· 139
날씨 ····················· 187
날짜 ····················· 184
남 ······················· 142
남극 ····················· 205
남동생 ····················· 12
남반구 ···················· 205
남색 ····················· 112
남아메리카 ·················· 205
남자 ······················ 16
남자 팬티 ··················· 56
남편 ······················ 13
내과 ······················ 48
내려가다 ··················· 54
내일 ····················· 185
내장 ······················ 37
냄새나다 ··················· 40
냅킨 ······················ 68
냉장고 ····················· 66
네트 ····················· 123
넥타이 ····················· 57
년 ······················· 184
노동력 ···················· 174
노동자 ····················· 21
노동절 ···················· 134
노란색 ···················· 111
노래 ····················· 106
노래하다 ··················· 109
노른자 ····················· 88
노새 ····················· 190
노인 ······················ 16
노조 ······················ 26
노크하다 ··················· 54
노트 ····················· 148
노트북컴퓨터 ················ 146
노트필기 ··················· 100
노화하다 ··················· 18
녹색불 ···················· 141

녹음하다	118
녹차	90
녹화	116
논밭	202
논쟁하다	29
놀다	105
놀라다	31
놀이동산	155
농구	121
농부	19
농장	199
농학	103
뇌	37
뇌사	42
뇌진탕	42
누나	12
누에	195
눈	32, 187
눈곱	36
눈꺼풀	36
눈동자	36
눈물	38
눈사태	203
눈썹	36
눈이 내리다	188
눕다	64
뉴스	169
늑대	189
능력	27
늦어지다	186

ㄷ

다락	53
다람쥐	190
다리	35
다리미	66
다림질하다	67
다이아몬드	60
다이어리	148
다이얼	144
다이얼을 누르다	145
다지다	71
다치다	44
다큐멘터리	115
단과대학	97
단추	74
닫다	78
달	184, 187
달력	76
달리다	124, 196
닭	86
닭고기	86
담보	177
담석증	42
담요	63
담임선생님	18
답안	100
당근	83
당나귀	190
당좌 계좌	176
당황하다	31
대나무	197
대답하다	101
대모	15
대변	39
대부	15
대사관	131, 152
대성당	153
대여(금)	177
대출	176
대출 일자	178
대통령	23
대학교	96, 152
대학원	96

대합실	127	동방박사의 날	134
대화	116	동서	14
댄스	105	동업자	17
댐	206	동전	130, 178
더블룸	128	동전지갑	59
더빙	116	동정	28
던지다	124	동지	17
덥다	188	동창	18
덥히다	67	동화	113
덧니	33	돼지	191
데우다	70	돼지고기	86
도끼	74	두개골	32
도둑	165	두꺼비	192
도마	69	두려움	29
도마뱀	192	두부	92
도서관	152	둘러보다	131
도착하다	124	둥지를 만들다	196
독가스	205	뒤뜰	53
독감	44	듀엣	106
독립기념일	133	드라마	115
독백	116	드라이브	147
독서	104	드라이클리닝 세탁소	154
독수리	193	드레스룸	58
독신자	14	드로잉	110
독일	159	듣다	40
독일인	159	들국화	198
독재	162	들다	124
독점	174	들어가다	156
독창	106	등	36
돈	178	등기우편	143
돌고래	193	등록	99
돌다	142	등록하다	101
동	141	등산	122
동료	17	등심	86
동맥	38	디자이너	20
동메달	120	디자인	110
동물	189	디자인하다	112
동물원	155	딱지	38

딸	13
딸기	82
땀	39
땀 흘리다	45
땅	201
땅콩	85
때	184
떡갈나무	197
떨다	40
또르띠야	80

ㄹ

라디오	67, 115
러시아워	138
리노베이션하다	54
레드와인	91
레모네이드	89
레몬	83
레스토랑	54
레슬링	121
레이저프린터	146
레코드판	109
로션	75
로스트비프	86
로터리	140
루비	60
룸서비스	129
리그전	119
리모컨	67
리셉셔니스트	22
리포트	100
린넨	59
린스	73
립글로스	75
립스틱	75
링거액	48

ㅁ

마가린	88
마늘	84
마스카라	75
마시다	91
마요네즈	93
마우스	146
마음에 들다	30
마이크	146
마취	47
막	117
막차	127
만년필	148
만지다	40
만화영화	117
말라리아	42
말벌	195
맛보다	40
망치	74
맞춤옷	58
매	193
매니저	173
매니큐어	75
매미	195
매스미디어	170
매일	186
매트리스	63
매트리스커버	63
맥박	48
맥주	90
머리	32
머리띠	75
머리를 빗다	78
머리카락	36
먹다	81
먹이를 주다	196
먼지	204

멀미	44	목요일	182
멀티플렉스	153	목욕하다	78
멈추다	139	몰	156
멍멍	195	몸통	32
메뉴판	129	못	74
메론	82	무	83
메모리	147	무기징역	166
메스꺼움	44	무대	108
메인보드	146	무릎	35
멕시코	158	무성영화	118
멕시코인	158	무역	172
멧돼지	191	무역하다	175
며느리	14	무좀	43
면	59	무지개	203
면세점	155	무화과나무	198
면허증	137	묵다	132
멸치	87	문	54
명함	130	문방구	154
모공	39	문자메시지	145
모기	194	문지르다	50
모니터	146	문학	102, 113
모닝콜	129	묻다	101
모델	110	물	89
모뎀	147	물감	150
모래사장	202	물개	193
모레	185	물다	195
모로코	160	물리학	103
모로코인	160	물리학자	19
모세혈관	38	물약	47
모이다	134	물청소하다	77
모자	58	물품	172
모직	59	뮤지컬	107
모퉁이	141	미각	39
목	33	미국	158
목걸이	60	미국인	158
목구멍	34	미니스커트	55
목도리	57	미래	186
목발	47	미성년	16

미소를 짓다	31
미술관	153
미식주의	80
미식축구	122
미용사	22
미용실	154
미장이	25
믹서	66
민소매	59
민예품	129
민요	106
민주주의	162
믿다	29
밀	85, 199
밀가루	85
밀물	202
밀크커피	90

ㅂ

바구니	69
바나나	82
바느질하다	78
바늘	74
바다	201
바닥	53
바르다	94
바위	202
바이러스	41
바이어	173
바이올린	108
바인더	150
바지	55
바퀴벌레	195
박사	97
박사과정	97
박수 치다	109
박쥐	194
반도	202
반소매	58
반숙	88
반장	18
반지	60
반창고	48
받다	145
발	35
발견하다	132
발꿈치	35
발레	104
발목	35
발신인	17
발코니	53
발톱	35
발표하다	101
밟다	40
밤	185
밤나무	197
밧줄	74
방	52
방문하다	131
방송하다	118, 171
방어하다	167
방울	75
방학	99
밭	199
배	36, 82, 137
배관공	25
배구	121
배꼽	37
배당	178
배심원	20, 164
배역을 맡다	118
배우	20
배우다	100
배우자	14
배우자를 잃다	15

배추	83	병	69
백신	47	병목현상	138
백모	12	병실	46
백부	12	보내다	145
백야	203	보다	40
백조	193	보드 게임	123
백합	198	보드카	91
밴드	109	보라색	112
밴드를 감다	50	보석	60
밸런타인데이	133	보여 주다	131
뱀	192	보존하다	206
버섯	84	보험	173
버스	136	복도	53
버터	88	복사	150
번개	188	복사기	150
번역	114	복사판	100
번역가	24	복사하다	151
번역하다	114	복숭아	82
번호판	137	복역하다	168
벌	195	볶다	70
벌금	166	볶음밥	81
벌레	194	볼	33
범죄	166	볼링	122
범죄를 저지르다	167	볼펜	149
범죄자	165	봄	183
법률	162	봉급	26
법정	164	봉재	58
법학	97, 102	부도 수표	177
베개	63	부딪히다	142
베스트셀러	113	부반장	18
베이스	108	부부	14
벼룩	194	부서	173
벽	53	부수	169
변비	43	부엉이	194
변호사	20, 164	부엌	52
별	187	부인	17
별거	14	부채	176
별거하다	15	부츠	57

부탁하다	163	비료	199
부하직원	17	비료를 주다	200
부활절	133	비밀번호	178
북	108, 142	비서	23
북극	205	비수기	131
북극곰	193	비올라	108
북반구	205	비자	125
북아메리카	205	비즈니스클래스	126
분	184	비키니	56
분노	29	비판하다	30
분량	47	비행기	136
분필	148	빈혈	44
분홍색	111	빌딩	52
불면증	44	빌리다	179
불쾌	28	빗	73
불쾌하게 하다	30	빗자루	76
불행	28	빙산	203
붓	111, 150	빙수	81
붓다	45	빙하	203
붕대	47	빚	177
브라질	159	빠에야	80
브라질인	159	빨간색	111
브래지어	56	빨다	40
브레이크	137	빨대	68
브레이크 걸다	139	빨래방	154
브로콜리	85	빵	80
블라우스	56	빵집	154
블라인드	64	뻐꾸기	194
비	187	뼈	38
비가 내리다	188	뿌리	197
비극	115	뿌리다	94
비기다	124		
비뇨기과	49		
비누	72		

ㅅ

사거리	140
사계	183
사고	27
사과	82

비누통	73
비둘기	193
비디오테이프	65
비로드(벨벳)	59

사과주	90	살구나무	198
사냥	104	살모사	192
사냥하다	105	살인	166
사랑	28	살인자	165
사랑니	33	살인하다	167
사랑하다	30	삶다	70
사막	205	삶의 질	174
사무실	25	삼겹살(베이컨)	86
사무직원	21	삼나무	197
사법부	162	삼키다	40
사서	24	삽화	113
사서함	144	상	98
사설	169	상사	17, 173
사슴	191	상상하다	29
사업가	22	상아	61
사운드카드	147	상어	193
사위	14	상영횟수	117
사이즈	58	상인	22
사이클	120	상처	38
사자	189	상추	83
사장	21	상표	173
사제	25	상품	172
사진	77	새	193
사촌	14	새끼손가락	35
사타구니	35	새벽	185
사형	166	새우	87
사회과학	97	새해	133
사회복지	26	색	111
사회학	103	색소폰	108
산	201	색연필	149
산골짜기	202	색종이	149
산들바람	203	샌드위치	81
산맥	202	샌들	57
산부인과	49	샐러드	81
산성비	204	샐러리	85
산업	172	샘	201
산토끼	192	샘플	173
살구	83	생각하다	29

생강	84	설사	44
생리대	73	설치하다	54, 112
생맥주	90	설탕	93
생머리	36	섬	202
생물학	102	성	154
생산하다	175	성냥	76
생선	87	성당	153
생수	89	성명	144
샤워기	72	성수기	131
샤워기 호스	72	성장하다	18
샤워캡	58	성적	98
샤워하다	77	성형외과	49
샤프연필	149	세관	127
샴페인	91	세관신고서	127
샴푸	73	세균	41
샹들리에	77	세금	174
서	142	세기	184
서랍	62	세레나데	107
서류가방	60	세례를 주다	15
서리	187	세면기	72
서명	173	세미나	99
서재	53	세탁기	65
서점	154	세탁하다	64
석사	97	셔벗	92
석사과정	97	셔츠	56
섞다	71	소금	93
선거	162	소나무	197
선거인단	163	소녀	16
선거캠페인	163	소년	16
선물	131	소방관	21
선물하다	134	소방서	152
선박우편	143	소변	39
선율	106	소비하다	175
선출하다	163	소설	113
선택과목	99	소스	93
선풍기	65	소시지	87
설	183	소아과	49
설거지하다	70	소용돌이	203

소음	204
소파	63
소포	143
소프라노	108
소프트웨어	147
속눈썹	36
속달우편	144
속력을 내다	139
속삭이다	31
속옷	56
속이다	168
속임수	167
손	34
손가락	34
손녀	13
손목	34
손바닥	35
손수건	57
손자	13
손잡이	72
손톱	34
손톱깎이	77
송곳	74
송곳니	33
송신하다	118
송아지	190
송아지고기	86
송어	87
송장	173
솥	70
쇠고기	86
수갑	165
수건	63
수건걸이	72
수공예업자	25
수다 떨다	105
수도	177, 206
수도꼭지	72
수말	190
수박	83
수상 스키	121
수상 스포츠	121
수선화	198
수수료	178
수술실	46
수술하다	50
수신인	17
수영	121
수영복	56
수영 선수	122
수영장	153
수요	174
수요일	182
수위	23
수의사	22
수의학	103
수입	172, 177
수입하다	175
수정	60
수정액	150
수정테이프	150
수집하다	105
수채화	110
수출	172
수출하다	175
수탉	190
수표	130, 176
수프	81
수필	113
수학	102
수화기	144
수하물	129
수확	199
수확하다	200
숙모	12
숙박	128

숙박료	128
숙부	12
숙제하다	101
순간	184
순대	87
순환	39
순환계	38
술에 취하다	91
술잔	69
숨다	168
숨이 막히다	45
숲	202
쉬다	134
슈퍼마켓	155
스웨덴	160
스웨덴인	160
스웨터	56
스위스	160
스위스인	160
스위트룸	128
스카치테이프	150
스케이팅	122
스케치	110
스케치북	150
스쿠버 다이빙	121
스크린	116, 146
스키	120
스타	21, 116
스타디움	123
스타일	113
스타킹	57
스탠드	77
스테이크	80
스테플러	150
스튜디오	111
스튜어디스	24
스티커	149
스파게티	80
스파이	165
스파클링와인	91
스펀지	73
스페인	160
스페인인	160
스포츠	119
스푼, 포크, 나이프 세트	68
스푼	68
스피커	146
슬리퍼	58
슬픔	28
습도	205
승려	25
승마	120
승선하다	139
시	113, 184
시각	39
시간	184
시간을 보내다	186
시계	76
시금치	84
시나리오	115
시동 걸다	139
시리즈	117
시스템	147
시아버지	13
시어머니	13
시외전화	144
시작하다	186
시장	155
시청	152
시합	119
시험 보다	101
식기세척기	66
식단	129
식당	53
식당차	136
식물	197

식물원	155
식이요법	79
식초	93
식히다	67
신경	38
신경계	39
신랑	17
신문	169
신문 가판대	155
신문기자	170
신발을 신다	61
신부	17
신용카드	130
신장	37
신장염	41
신청서	98
신체	32
신학	103
신호등	141
신혼여행	92
실	74
실내악	107
실내장식업자	25
실망하다	30
실천	99
실크	59
실형	165
싫증나다	30
심리학	102
심리학자	19
심문	165
심야상영	117
심장	37
심장마비	42
심판	120
싱글룸	128
쌀	85, 199
쌀밥	81
썰물	202
쓰레기	76
쓰레기통	76
쓰레받기	76
쓸다	77
씨	197
씨를 뿌리다	200
씹다	94
씻다	78

아가씨	16
아기	16
아들	13
아르헨티나	159
아르헨티나인	159
아몬드	85
아몬드나무	198
아버지	12
아버지날	133
아보카도	83
아세톤	75
아스파라거스	85
아시아	205
아시안게임	119
아이섀도	75
아이스크림	92
아침 식사	79
아침을 먹다	81
아코디언	107
아파트	52
아프리카	205
악기	107
악어	192
악취	204
악화되다	50
안개	188

안경	58
안과	49
안내책자	125
안면이 있다	30
안색	38
안약	47
안전벨트	138
안테나	65
앉다	64
알다	29
알레르기	41
알리다	171
알리바이	167
알약	47
알을 품다	196
알코올	90
암	41
암기하다	101
암말	190
암소	190
암탉	190
압력솥	70
앞니	33
애무하다	31
애완동물	189
애인	15
애정	28
애피타이저	79
액셀러레이터	137
액자	77
앨범	77
앵무새	194
앵커	170
야구	121
야구 글러브	123
야구 방망이	123
야당	162
야맹증	43
야생동물	189
야옹	195
야옹하다	196
야채	83
약국	156
약사	22
약지	35
약학	103
약혼자	15
약혼하다	15
얇은 끈	74
양	191
양고기	86
양말	56
양배추	83
양복	55
양초	76
양친	13
양파	84
어금니	33
어깨	34
어린이날	133
어머니	12
어머니날	133
어문학	102
어제	185
어지럽다	45
언니	12
언론	169
얼굴	32
얼룩말	191
엄지	34
엉덩이	37
에스컬레이터	141
에어컨	65
엑스트라	116
엘리베이터	141
여관	153

여권	125	영상	116
여당	162	영수증	130
여동생	12	영양	79
여름	183	영토	161
여왕	23	영향을 미치다	171
여우	189	영화	115
여자	16	영화관	153
여자 팬티	56	영화를 보다	118
여행	125	영화제	117
여행사	125	옆구리	37
여행자 수표	125, 177	예금	176
여행하다	131	예금하다	179
역	155	예방	48
역사학	102	예방하다	49
역할	116	예산	162, 174
연고	47	예술	110
연구실	98	예술학	102
연극	115	예약	128
연금	14, 26	예약하다	131
연기	204	오늘	185
연못	201	오렌지	82
연미복	55	오렌지주스	89
연어	88	오르간	107
연주	106	오리	193
연주하다	109	오븐	66
연착하다	139	오염시키다	206
연필	149	오이	83
연필깎이	149	오빠	12
연휴	133	오전	185
열	44	오징어	88
열다	78	오케스트라	107
열쇠	74	오토바이	137
열중하다	124	오페라	107
염소	191	오한	44
엽서	143	오후	185
영국	159	옥수수	85
영국인	159	온도	205
영사관	131, 152	온실 효과	204

| 올라가다 · 54
| 올리브오일 · · · · · · · · · · · · · · · · 93
| 올림픽 · 119
| 올챙이 · 192
| 옷걸이 · 58
| 옷을 만들다 · · · · · · · · · · · · · · · · 61
| 옷을 바꿔 입다 · · · · · · · · · · · · · 61
| 옷을 벗다 · · · · · · · · · · · · · · · · · · · 61
| 옷을 입다 · · · · · · · · · · · · · · · · · · · 61
| 옷장 · 62
| 와인 · 90
| 완숙 · 88
| 왕 · 23
| 왕복권 · 126
| 왕자 · 24
| 왕조 · 161
| 외과 · 49
| 외화 · 130, 178
| 요가 · 104
| 요구르트 · 88
| 요금 · 128
| 요람 · 63
| 요로결석 · 42
| 요리 · 79, 105
| 요리사 · 22
| 요리하다 · 70
| 요새 · 154
| 요약하다 · 171
| 요양소 · 46
| 요트 · 137
| 욕조 · 72
| 용 · 192
| 용서하다 · 168
| 용암 · 203
| 우박 · 187
| 우비 · 56
| 우승 · 120
| 우애 · 28

우울하다 · 30
우유 · 88, 90
우정 · 28
우주 · 204
우체국 · 152
우체통 · 143
우편배달부 · · · · · · · · · · · · · · · · · · 24
우편번호 · 143
우표 · 143
우표 수집 · · · · · · · · · · · · · · · · · · · 104
운동 선수 · 20
운동하다 · 124
운동화 · 57
운반하다 · 142
운율 · 114
운전사 · 21
운전하다 · 138
울다 · 31
성대 · 34
울부짖다 · 196
웃다 · 31
원고 · 164
원숭이 · 191
원예 · 104
원피스 · 56
월간지 · 170
월식 · 184
월요일 · 182
웨이터 · 23
웨이트리스 · · · · · · · · · · · · · · · · · · 23
웨이팅리스트 · · · · · · · · · · · · · · · 126
위 · 37
위기 · 174
위생 · 46
위성 · 204
위스키 · 91
위자료 · 14
위조 · 166

위증	166	의심	27
위협하다	167	의심하다	31
유감이다	30	의자	62
유괴	166	의정서	163
유괴하다	168	의학	97, 103
유니콘	191	의회	162
유럽	205	이기다	124
유리	77	이끼	203
유명인	21	이론	99
유방	34	이륙	127
유성영화	118	이륙하다	139
유아원	96	이름을 부르다	101
유치원	96, 152	이마	32
유행	61	이모	12
유화	110	이모부	12
육교	140	이비인후과	49
육상	120	이빨을 닦다	78
육상 선수	122	이사하다	54
은	60	이성	27
은메달	120	이슬	188
은퇴하다	26	이쑤시개	68
은행	176	이어폰	67
은행원	21	이용하다	156
음료	89	이웃	17
음성메시지	145	이익	172
음식	79	이자	177
음악	106	이젤	111
음악가	20	이집트	160
음악 감상	104	이집트인	160
음악을 듣다	109	이체	176
음악회	107	이층침대	63
음향 효과	117	이코노미클래스	126
응급실	46	이태리	159
응원단	119	이태리인	160
의견	27	이해하다	29
의붓아버지	15	이혼	14
의붓어머니	15	이혼하다	15
의사	22, 46	익히다	71

인구를 구성하다	156
인권	167
인도, 보도	140
인문과학	97
인물	116
인사	26
인사하다	134
인세	114
인쇄	114
인쇄하다	114, 171
인정	27
인질	165
인터넷을 하다	147
인터뷰	169
인터뷰하다	171
인플레이션	174
인형	123
일	25
일간지	170
일기예보	170, 187
일기장	148
일몰	204
일방통행	141
일본	158
일본인	158
일어나다	64
일요일	182
일정	125
일출	204
일하다	26
읽다	105
임금을 주다	179
임대하다	54
임무	25
임원	21
입	32
입구	52, 126
입국카드	126
입금하다	179
입법부	162
입사하다	26
입술	33
입어 보다	61
입원시키다	50
입학	98
입학하다	101
잇몸	33
잉크	148
잎	197

ㅈ

자	149
자격증	98
자금	177
자기앞 수표	177
자동 입출금 장치	178
자동차	136
자동차 경주	122
자료	100
자르다	71, 151
자막	116
자명종	76
자물쇠	75
자본주의	162
자살하다	167
자연	201
자연과학	97
자전거	137
자정	185
작가	20
작곡	106
작곡가	20
작곡하다	109
작동하다	67
잔돈	130

잔디	199	적색불	141
잘리다	44	적의	28
잠자다	64	전과	166
잠자리	194	전구	73
잠자리에 들다	40, 64	전기기사	25
잡지	170	전기난로	66
장	117, 155	전기콘센트	73
장갑	57	전보	143
장관	23	전설	113
장군	24	전시하다	112
장난감	77	전시회	111
장르	113	전염되다	45
장모	13	전자 게임	104, 123
장미	198	전자레인지	66
장인	13	전채	79
장티푸스	43	전축	109
장학금	99	전통	129
재다	94	전파	115
재단사	58	전화가 울리다	145
재봉틀	67	전화기	73, 144
재스민	198	전화를 끊다	145
재채기	43	전화박스	144
재채기하다	45	전화번호	144
재킷	55	전화번호부	144
재판관	20	전화카드	144
재판하다	168	전화하다	145
재활용하다	206	절망	29
잼	94	젊은이	16
쟁반	69	점술가	25
저널리즘	169	점심 식사	79
저녁노을	203	점심을 먹다	81
저녁 식사	79	점퍼	55
저녁을 먹다	81	접시	68
저울	67	접착제	149
저축	176	젓가락	68
저축 계좌	176	정교수	19
저축하다	179	정당	162
적	17	정돈하다	70

정맥	38	졸업하다	101
정보	169	종교적·도덕적인 죄	166
정보를 주다	171	종양	41
정부	15, 161	종이	149
정비소	138	종점	128
정신착란	43	종합병원	46, 156
정어리	87	좋아하다	30
정오	185	좌석	128
정원	53	좌석번호	128
정육점	154	주	184
정지	142	주간지	170
정차	128	주걱	69
정치	161	주근깨	33
정치가	23	주름살	33
정치범	165	주름치마	55
정화하다	206	주말	185
정확성	27	주먹	35
젖꼭지	34	주부	21
제국	161	주사를 놓다	49
제비	193	주소	144
제작자	117	주스	89
제조	172	주식 중개	178
제출	100	주연	116
조각	110	주유소	137
조각가	110	주인	17
조각하다	112	주중	185
조개	87	주차	138
조국	161	주차하다	139
조끼	55	주황색	111
조립용 가구	62	죽다	18
조립하다	175	죽이다	167
조사하다	168	준비하다	70
조상	13	줄거리	117
조연	116	줄기	197
조조	117	줄무늬	59
조카	13	줄을 서다	132
졸다	64	중간고사	100
졸업	98	중국	158

중국인	158	직업	25
중매인	18	진공청소기	65
중지	35	진료소	46
중학교	96	진료하다	49
쥐	190	진리	99
즐기다	131	진정제	47
증거	165	진주	61
증명서	98	진행	142
증상	41	질병	41
증오	29	질투하다	30
증인	164	짐	129
지갑	59	짐승	189
지구	204	집	52
지다	124	집기	62
지렁이	195	집토끼	191
지름길	141	짖다	196
지리학	102	짜다	70
지문	35, 165	쪼다	196
지배하다	163	찌르다	195
지불	130		
지붕	53		
지성	27		

ㅊ

차 주전자	69
착륙	127
착륙하다	139
참가하다	124
참기름	92
참다	30
참여하다	163
참치	87
찻잔	69
창구	177
창구원	178
창문	54
창작하다	114
찾다	132
채널	115
채식주의	80

지속되다	186
지식	99
지우개	149
지우다	151
지저귀다	196
지점	174
지진	203
지출	177
지퍼	74
지평선	205
지폐	130, 178
지하도	140
지하수	203
지하실	53
지하철	136
지휘자	20

채팅하다	147
책가방	60
책상	62
챔피언십	119
처	13
처방전	47
처방하다	50
척추	32
천둥	188
천정	53
철도	127
철사	73
철학	102
첫차	127
청각	39
청강생	98
청량음료	90
청바지	55
청소년	16
청진기	48
체리	83
체스	104
체스세트	123
체온	48
체온계	48
체육관	123, 153
체조	121
체조 선수	122
체크무늬	59
체크아웃	129
체크인	129
체포하다	167
첼로	108
초	184
초대하다	131
초등학교	96
초록색	112

초상화	110
초원	202
초인종	54
초콜릿	92
촉각	39
총리	23
총을 쏘다	167
촬영	116
촬영하다	118
최근	186
최초	186
최후	186
추상화	111
추석	184
추수감사절	134
축구	121
축구장	123
축하하다	134
출구	52, 126
출국카드	126
출금하다	179
출발하다	124
출산하다	40
출석	100
출신이다	160
출연하다	118
출판	114
출판사	114
출판하다	114, 171
춤추다	105
춥다	188
충치	44
취미	104
취소	128
취소하다	132
츄러스	92
층계	54
치과	49

치과의사	22
치과의학	97
치료하다	49
치마	55
치아	33
치약	73
치외법권	163
치즈	88
치질	43
친구	17
친척	13
친척이 되다	15
칠레	159
칠레인	159
칠면조	194
칠면조고기	86
칠판	148
칠하다	54
침	48
침대	63
침대차	136
침대커버	63
침실	52
칫솔	73

ㅋ

카나리아	194
카네이션	199
카메라	77
카운터	129
카탈로그	173
카펫	64
칵테일	91
칼럼니스트	170
캐나다	158
캐나다인	158
캐러멜	92
캐럴	107
캐리커처	111
캔버스	111
캠핑가다	132
캥거루	192
커튼	63
커피	90
커피숍	154
컨닝	100
컬러	112
컴퍼스	150
컴퓨터	146
컵	69
케이크	80
케첩	93
코	32
코끼리	191
코냑	91
코뿔소	191
코알라	192
코치	120
코카콜라	90
코코아	90
코트	55
콘택트렌즈	58
콘트라베이스	108
콜레라	42
콜렉트콜	145
콤팩트디스크	147
콧구멍	36
콧물	38
콧수염	37
콩	85
콩소메	81
쿠션	63
크기	58
크레용	150
크루즈	126

크리스마스	134
크리스마스이브	134
크림	88
클래식 음악	107
클로버	198
키보드	146
키스하다	31
키위	83
킬로그램	93

ㅌ

타다	124
타이어	137
타이프라이터	151
타일	73
타코	94
탁자	62
탁자보	62
탄산음료	90
탈곡장	200
탈곡하다	200
탐정	164
탑승	126
탑승구	127
태어나다	18
택시	136
터널	140
터미널	155
턱	33
턱수염	37
털다	64
테니스코트	123
테라스	53
테이프	74, 109
테킬라	91
텔레비전	65, 115
텔레비전을 보다	118
토너먼트	119
토닉 워터	89
토마토	84
토마토주스	89
토스트	94
토요일	182
토하다	45
톨게이트	141
톱	74
톱질하다	78
통로	126
통신원	22
통역관	24
통장	176
통조림	81
통증	41, 43
통학구역	142
퇴원시키다	50
퇴직하다	26
투우	122
투우장	123
투자	178
투자하다	175
투표	163
투표하다	163
투표함	163
튀기다	70
트럭	136
트럼펫	108
트렁크	129, 137
트롬본	108
트리오	106
특산품	129
특파원	170
티셔츠	56
티스푼	68
팀	119
팁	128

ㅍ

파다 ················· 200
파란색 ················· 112
파리 ················· 194
파산 ················· 174
파산하다 ················· 179
파스타 ················· 80
파업 ················· 26
파운드 ················· 93
파일 ················· 151
파일럿 ················· 24
파자마 ················· 56
파종 ················· 199
파트너십 ················· 174
판권 ················· 114
판단 ················· 27
판매 ················· 172
판사 ················· 164
팔 ················· 34
팔꿈치 ················· 34
팔레트 ················· 111, 150
팔찌 ················· 60
팬 ················· 122
퍼스트클래스 ················· 126
펀치 ················· 90
페루 ················· 159
페루인 ················· 159
페이지 ················· 169
펜싱 ················· 120
펭귄 ················· 193
편도권 ················· 126
편도선염 ················· 42
편지 ················· 143
편지봉투 ················· 143
편지 쓰다 ················· 105
편집 ················· 114, 169
편집자 ················· 24
평가 ················· 98
평론가 ················· 24
평원 ················· 202
폐 ················· 37
폐결핵 ················· 42
폐업하다 ················· 156
포도 ················· 82
포도넝쿨 ················· 198
포크 ················· 68
폭포 ················· 202
폭풍 ················· 188
폴더 ················· 151
표범 ················· 189
풀 ················· 149, 199
풍경 ················· 201
풍경화 ················· 111
프라이팬 ················· 69
프랑스 ················· 159
프랑스인 ················· 159
프렌치 프라이 ················· 80
프로그래머 ················· 25
프로그램 ················· 147
프린터 ················· 146
프린트 된 ················· 59
플라타너스 ················· 198
플랫폼 ················· 127
플러그 꽂다 ················· 67
플루트 ················· 108
피 ················· 38
피고 ················· 164
피망 ················· 84
피부 ················· 38
피부과 ················· 49
피부염 ················· 42
피아노 ················· 107
피임약 ················· 47
피크닉 ················· 130
피 흘리다 ················· 45
필기시험 ················· 100
필기하다 ················· 101

필름	77
필수과목	99
필통	148

ㅎ

하늘	201
하늘색	112
하드웨어	147
하마	191
하모니카	107
하이힐	57
하품하다	40
하프	108
학교	152
학교 소풍	130
학기	98
학년도	98
학부형	17
학비	99
학사	97
학사과정	97
학생	21
학위	97
학자	19
학회	99
한국	158
한국인	158
할머니	12
할아버지	12
핥다	94
합의	163
합창	106
핫도그	80
항공권	126
항공우편	143
항구	155
항아리	69
항해하다	139
해	187
해고하다	26
해물	87
해바라기	199
해설	114
해안	202
해외여행	125
핸드백	60
핸드볼	121
핸드폰	144
핸들	137
햄	86
햄버거	80
행복	28
행성	204
행정부	162
행주	69
향수	76
허리	37
허리띠	57
허수아비	200
헌법	162
헤드라이트	138
헤어드라이어	66
헬리콥터	136
헬멧	32
혀	33
현관	52
현금	130
현기증	44
현재	185
혈압	48
혈액형	38, 48
혐오	29
혐의자	165
협박	166
협정	163
형	12
형광펜	149

형사	164	활주로	140
혜성	204	황무지	206
호두	85	황사 현상	203
호두나무	198	황새	193
호랑이	189	황색불	141
호루라기	119	황소	190
호박	84	회계	173
호수	201	회계사	22
호스	72	회사	173
호전되다	50	회색	112
호주	160	회오리바람	203
호주머니	57	획득하다	175
호주인	160	횡단보도	140
호텔	153	횡령하다	179
호흡	38	후각	39
호흡기관	39	후손	13
호흡하다	40	후식	79
홈런	120	후추	93
홍수가 나다	188	후회하다	30
홍역	42	훈련	120
홍차	90	훈련하다	124
홍합	87	훈제하다	71
화가	20, 110	훔치다	168
화분	76	휘발유	137
화산	202	휘젓다	71
화상	44	휴경지	200
화상 입다	45	휴대품 보관소	127
화요일	182	휴식	47
화이트와인	91	휴일	131
화장대	62	휴지	73
화장실	52	흐느끼다	31
화장품	75	흑백	112
화장품 가게	154	흔들의자	63
화장하다	78	희극	115
화학	103	희생자	165
화학자	19	흰색	112
환경	201	흰자	88
환상	28	DVD	65
환율	178	VCR	65

2500 단어로 –
스페인어 휘어 잡기

2003년 8월 18일 초판 1쇄 박음
2015년 15월 15일 초판 9쇄 펴냄

지은이 · 송　　예　　림
펴낸이 · 황　　정　　일
펴낸곳 · (주)국제어학연구소출판부

주소 (140-111) 서울특별시 용산구 원효로83길 5-4(원효로1가)

전화 (02) 704-0900 / 715-9064

팩스 (02) 703-5117

www.bookcamp.co.kr

2010년 1월 18일 등록 제 302-2010-000006호
· 본사는 출판물 윤리강령을 준수합니다.

ISBN 978-89-88790-89-2 13770

· 값은 표지 뒷면에 표시되어 있습니다.

Good to see you!